Die Kammer für Arbeiter und Angestellte für Wien widmet dieses Buch der arbeitenden Jugend.

DER PRÄSIDENT

DER KAMMERAMTSDIREKTOR

LEHRLING
ERLEBTE BERUFSAUSBILDUNG EINST UND JETZT

„Was soll ich werden?" Eine Frage, die sich jeder einmal gestellt hat. Eine Entscheidung muß getroffen werden, die das weitere Leben und die Zukunft bestimmt. Für viele war es nur Zufall.
So erklärt ein heutiger Minister frei nach Qualtinger: „Wenn mich das Arbeitsamt nicht vermittelt hätte . . ." Für andere war eher der Berufswunsch der Eltern ausschlaggebend. Vorstellungen vom Traumberuf stehen einer harten Realität gegenüber.
Und dann steht man plötzlich mittendrin in der noch fremden Berufswelt. Der erste Lehrtag ist für manche eine Enttäuschung. Langsam gewöhnt man sich an die noch fremde Umgebung und an den neuen Lebensrhythmus. Das Wort „Freizeit" bekommt einen ganz anderen Klang, als es noch in der Schule hatte.
Viele beginnen sich mit den Zwängen auseinanderzusetzen, denen sie unterworfen sind.
Manche begehren auf, Konflikte werden ausgetragen. Das Wichtigste ist, daß man weiß, wo Rat und Hilfe zu finden sind.

AK
Kammer für Arbeiter und Angestellte

Vorworte werden meist überblättert. Viele Leser sehen sich in einem Buch zuerst die Bilder an. Dann beginnen sie zu lesen. In der Mitte, oder auch ganz hinten. Wenn sie das Buch dann interessant finden, beginnen sie noch einmal, von Anfang an, hier, beim Vorwort. Ich hoffe, eine bestimmte Gruppe von Lesern findet dieses Buch interessant. Es gibt 197.000 von ihnen in ganz Österreich. Ja, ganz richtig – so viele Lehrlinge gibt es in Österreich. Für sie wurde dieses Buch nämlich geschrieben. Und es handelt – von ihnen selbst . . .
Ich glaube, daß es Lehrlinge interessiert, zu erfahren, wie es ihresgleichen im vorigen Jahrhundert ergangen ist. Oder 1941, in der Zeit des Zweiten Weltkriegs. Wie war das damals? Was kann ein ÖGB-Präsident oder ein Minister über seine Lehrzeit erzählen? Wie haben sie sich für ihren Lehrberuf entschieden? Was kann ein Maurerlehrling über seinen ersten Lehrtag im Jahr 1900 erzählen? Wie hat sich ein Mechanikerlehrling im Jahr 1927 mit seinen Kollegen vertragen? Was berichten die anderen über ihre Probleme? Haben sie überhaupt Probleme? Warum mußte ein Bäckerlehrling vor seinem Meister die Hose runterlassen? Was macht ein Kochlehrling, dem der Küchenchef brennheiße Rosinen ins Auge schießt?
Manche Berichte klingen ganz unglaublich. Ich kann euch aber versichern, alle sind wahr und genau belegt. Natürlich fallen Betriebe, in denen es Mißstände und Gesetzesübertretungen gibt, mehr auf als solche, in denen korrekt ausgebildet wird. Aber jede Übertretung von Gesetzen ist eine Übertretung zuviel. Gesetze sind schließlich dazu da, um eingehalten zu werden. Wir sprechen hier davon, damit die Dinge besser werden. Damit die Berufsausbildung noch besser wird . . .
Um die besondere Situation der Lehrlinge im vorigen und Anfang dieses Jahrhunderts zu rekonstruieren, habe ich Autobiographien, selbstverfaßte Lebensbeschreibungen, benützt. Für die spätere Zeit konnte ich die Leute schon direkt befragen. Die Auswahl der Partner für die Gespräche und Interviews ist aber etwas willkürlich. Man hätte auch andere Personen befragen, andere Berufe darstellen können. Alle jene, die hier nicht zu Wort gekommen sind, bitte ich um Nachsicht. Ähnlich ist es auch mit den literarischen Beispielen, von denen es noch viele andere gibt. Wer sich für das eine oder andere erwähnte Werk interessiert, findet ein Verzeichnis am Schluß dieses Buches.

Siegfried Sorz

LEHRLING
ERLEBTE BERUFSAUSBILDUNG EINST UND JETZT

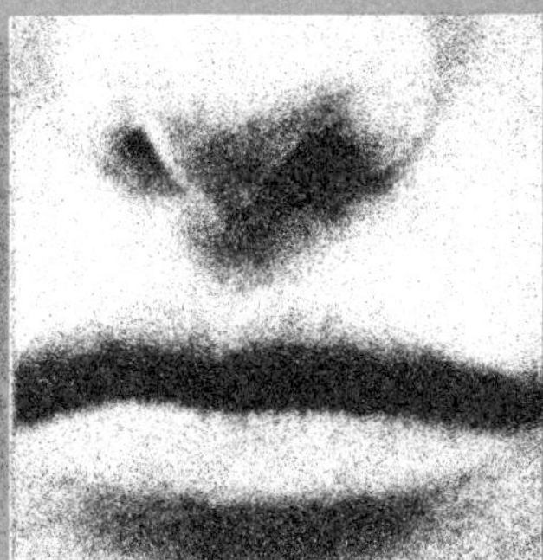

Text:
Siegfried Sorz
Dokumentation und Gestaltung:
Kurt Waldert

Johann M., Buchbinderlehrling

Untergebracht war er in einer Dachkammer voller Wanzen, mit anderen Kollegen dasselbe Bett teilend, dessen Leintücher nur alle sechs bis acht Wochen gewechselt wurden. Schon um halb sechs Uhr früh kam der Chef und trommelte an die Tür der Schlafkammer. Dafür wurde aber bereits um neun Uhr abends die Haustür versperrt, und alle mußten sich schlafen legen. Seine Arbeitszeit betrug 14 Stunden pro Tag. Bei freier Kost und freiem Quartier verdiente er einen Gulden wöchentlich. Die Verpflegung erinnerte eher an Gefängniskost: ein Laib Kommißbrot mußte als Frühstück für die ganze Woche ausreichen, nebst einer Schale ungezuckerten Kaffees. Abends gab es drei Scheiben Wurst und gekochte Kartoffeln, während das Mittagessen aus einer dünnen Gemüsesuppe mit ein wenig total ausgekochtem Fleisch bestand.
Die Rede ist hier von einem wandernden Buchbindergesellen, der gleich nach Abschluß seiner Lehrzeit im Frühjahr des Jahres 1863 in Frankfurt am Main Arbeit gefunden hatte. Damals gab es für die wandernden Handwerksgesellen eigene Herbergen, und nachdem er auf einer schwarzen Tafel im Gastzimmer der Buchbinderherberge erfahren hatte, daß bei Meister Ewald Arbeit zu finden sei, meldete er sich gleich bei ihm. Der Meister musterte ihn mit Kennerblick, und nach genauem Studium seines Arbeitsbuchs gab er ihm zu verstehen, daß er es mit ihm versuchen wolle, obwohl er gerade erst die Lehre abgeschlossen habe.
Der Held dieser Geschichte heißt Johann Most. Er wurde später Abgeordneter des Deutschen Reichstags und hinterließ ausführliche Memoiren, die es uns erlauben, diese Geschichte zu rekonstruieren. In seinen Lebenserinnerungen schreibt er, daß es ihm damals klar wurde, daß er sozusagen sein eigener Sklavenhändler sei, da er sich ja selbst als Arbeitssklave verkaufen mußte.
Jener Meister, der es mit ihm versuchen wollte, schickte ihn als erstes nach den Zunftvorschriften, aus denen er alles Nähere über Arbeitszeit und Lohn ersehen konnte und für die er sein Arbeitsbuch beim Oberbürgermeister der Stadt Frankfurt hinterlegen mußte. Vorher aber mußte er sich beim Stadtchirurgen untersuchen lassen. Nach dieser Untersuchung wurde ihm bestätigt, daß er „hautrein" sei. Diese Bestätigung wiederum mußte er bei der Polizei abgeben, wo ein ganzes Rudel von fahrenden Handwerksburschen darauf wartete, abgefertigt zu werden. Endlich, nach stundenlangem Warten, erhielt er in sein Arbeitsbuch einen großen Stempel mit dem Wortlaut: „Kann in Arbeit treten." Damit sollte gesagt sein, daß seine Papiere in Ordnung wären und kein Steckbrief gegen ihn vorliege. Nach dieser ganzen entwürdigenden Prozedur durfte er unter den schon geschilderten Bedingungen „in Arbeit treten".
Er war von Augsburg nach Frankfurt gewandert, um nach Beendigung seiner Lehrzeit einen neuen Arbeitsplatz zu finden. Unterwegs hatte er sich immer wieder unter Vorlage seines Arbeitsbuchs bei der Polizei zu melden, denn die Handwerksburschen wurden sehr streng überwacht.
Man fragt sich, wie wohl seine Lehrzeit ausgesehen haben mag, wenn es um die Arbeitsbedingungen eines Gesellen schon so arg bestellt war. Johann Most hatte sich der damals entstehenden Arbeiterbewegung angeschlossen und wurde in die recht harten sozialen Kämpfe verwickelt. Deswegen ist es wohl kein Wunder, daß er den Großteil seiner Memoiren, in denen er auch über seine Lehrzeit berichtet, im – Gefängnis geschrieben hat.
Aber nun der Reihe nach. Geboren wurde er am 5. Februar 1846 in Augsburg. Er selber meint, daß er *„auf polizeiwidrige Weise"* zur Welt gekommen sei. Sein Vater hatte nämlich eine Schreibstelle bei einem Advokaten, einem Rechtsanwalt, während seine Mutter eine Gouvernante, eine Erzieherin, in einem vornehmen Haus war.
Johann Most schildert das so: *„Bald darauf lernte er* (der Vater) *meine Mutter kennen, und beide gewannen einander binnen kurzem so lieb, daß die Folgen davon nicht lange auf sich warten ließen, was meine Mutter ihre Stellung kostete."*

Seine Mutter war also guter Hoffnung. Das hinderte aber den Gemeinderat nicht, seine Zustimmung zur Heirat zu verweigern. Damals hatte nämlich der Gemeinderat zu entscheiden, ob jemand heiraten durfte oder nicht. So ein armseliger Schreiber hat kein Geld zum Heiraten – das war der Grund, den der Gemeinderat als „Volks-Vormund" für seine Weigerung anführte. In wilder Ehe, im „Konkubinat", zu leben, war aber streng verboten. Der Großvater des damals noch nicht geborenen Johann fand die Lösung. Er, der von Beruf Maurerpolier war, hatte vor kurzem ein kleines Häuschen geerbt und stellte Johanns Mutter pro forma als „Dienstmädchen" an, während Johanns Vater als „Zimmerherr" einquartiert wurde.

Zwei Jahre nach Johann Mosts „polizeiwidriger" Geburt, im Jahre 1848, fanden in ganz Europa Revolutionen statt. In Bayern wirkte sich das für Johanns Eltern so aus, daß sie endlich vom Augsburger Rathaus die ersehnte „Heiratslizenz" erhielten. Most berichtet, daß er damals einen kleinen Skandal verursachte. Der Zweijährige wollte nämlich unbedingt in der Hochzeitskutsche zur Trauung mitfahren. Während die Großeltern von den Fenstern des Hauses der Kutsche nachsahen, hatte er sich davongeschlichen und versuchte, dem Wagen nachzulaufen. Die versammelte Nachbarschaft, die ohnehin sehr klatschsüchtig war, brach in ein schallendes Hohngelächter aus, bis seine Großmutter ihn einholte und wieder ins Haus brachte.

Johann Most berichtet, daß ihm seine Mutter schon zu Hause das Lesen und Schreiben beigebracht hatte, so daß er in der Volksschule eigentlich nicht mehr viel lernen konnte. Trotzdem ist nicht uninteressant, was er über seine Schulzeit berichtet.

Die sechsklassige Volksschule hatte drei Schulmeister. Ein Lehrer mußte also zwei Klassen gleichzeitig unterrichten, von denen jede mindestens 150 Buben umfaßte.

Um diese Unzahl von Schülern in Schach zu halten, wurde geschlagen, was das Zeug hielt. Ein besonderer Prügelpädagoge und Haudegen war der Lehrer der mittleren, also der dritten und vierten Klassen. Most zählt auf, was in seiner Sammlung von Schlagwerkzeugen so vorhanden war: Ruten, Riemen, Rohr- und Haselnußstöcke, Ochsenziemer, zusammengeflochtene Baßgeigensaiten usw. Wenn eine Strafe zu exekutieren war, stellte sich dieser Lehrer erst genüßlich vor seine Sammlung, um das geeignete Folterwerkzeug auszuwählen.

Wie sich Most erinnert, mußten als Hausübung im Rechnen immer vier Aufgaben gelöst werden. In der Schule wurden diese Aufgaben auf der Tafel noch einmal angeschrieben. Wer alle vier Aufgaben richtig hatte, bekam eine gute Note. Die anderen Schüler mußten sich, je nach Anzahl ihrer Fehler, in den vier Ecken des Klassenzimmers aufstellen. Pro Fehler wurden vier Hiebe auf die Handfläche verabreicht.

Most erzählt: „*Wer nur eine Rechnung unrichtig löste, bekam vier Hiebe auf die Handflächen, für zwei Irrtümer setzte es acht, für drei zwölf und für vier sechzehn Hiebe. Dabei grinste der Prügelmeister ganz vergnügt in sich hinein und rief ein übers andere Mal: ‚Die Bosheit steckt tief in dem Herzen des Knaben, aber die Zuchtrute treibt sie wieder heraus – spricht der weise Salomon.'*"

Johann Most selber wurde nicht geschlagen, denn seine Mutter hatte ihm nicht nur das Einmaleins gründlich beigebracht, sondern sie überprüfte auch täglich seine Schulaufgaben. Viele seiner Schulkollegen schrieen aber gar nicht mehr, wenn sie geschlagen wurden, da sich auf ihren Handflächen von den täglichen Hieben förmlich Hornhäute gebildet hatten. Der prügelnde Lehrer endete später im Irrenhaus, wozu Most lapidar meint, dies sei wohl nicht anders zu erwarten gewesen.

In seinen Lebenserinnerungen schildert Most dann eine lange Krankheit, die durch ein Versehen der Ärzte dazu führte, daß ihm ein Stück Unterkiefer herausoperiert werden mußte Dadurch erhielt er ein total schiefes, verzogenes Gesicht. Diese Mißbildung konnte er erst in späteren Jahren unter einem Bart verstecken.

Während seiner Krankheit traf ihn ein schmerzlicher Verlust. In Augsburg wütete im Jahre 1856 eine Choleraepidemie. Beide Großeltern, eine seiner Schwestern und auch seine Mutter starben.

Nach einem Jahr heiratete sein Vater wieder. Unter seiner Stiefmutter hatte Most viel zu leiden. Er mußte von morgens bis abends Hausarbeiten verrichten, wurde viel geschlagen und bekam wenig zu essen. Er berichtet: „*Nur durch passiven Widerstand erzwang ich mir von Zeit zu Zeit etwas mildere Behandlung, nämlich, wenn ich davonlief, sozusagen Streik machte, und ganz und gar von Bettelei sowie*

Feld- und anderem Kleindiebstahl lebte, während ich mich zur Nachtzeit irgendwo, meist auf irgendeiner Bodenkammer, wie ein Hund verkroch. Solch ein erbärmliches Leben hatte ich bis in mein fünfzehntes Jahr hinein zu führen, das heißt, bis ich in die ‚Lehre' kam, während der . . . ich wahrlich auch nichts zu lachen hatte."
Trotz dieser Schwierigkeiten im Elternhaus und dem täglichen Kampf gegen den *„weiblichen Haustyrannen"*, wie Most seine Stiefmutter nennt, besteht er die Aufnahmsprüfung für die Real- oder Gewerbeschule. In dieser Schule taugte er aber nicht viel, da er nur in jenen Fächern, die ihn interessierten, etwas lernte. Für Strafarbeiten und Karzer revanchierte er sich mit Spottversen und Streichen, die er den Lehrern antat. Als er schließlich noch eine Art „Schülerstreik" organisiert, wird er von der Schule verwiesen. Zu Hause verheimlicht er aber diesen Umstand, packt jeden Tag seine Schulsachen und geht aus dem Haus, aber natürlich nicht in die Schule. Erst nach vierzehn Tagen kommt zufällig am Morgen ein ehemaliger Mitschüler vorbei, und seine Stiefmutter erfährt von dem Hinausschmiß:
„Nun hörte ich, wie das mir verhaßte Satansweib bald die Hände zusammenschlug, bald mit der Faust auf den Tisch loshämmerte und dazwischen das Blaue vom Himmel herunterfluchte. Ich fand es ratsam, aufzustehen und mich anzukleiden, und zwar zog ich zur Vorsorge drei Paar Unterhosen übereinander an."
Diese Vorsichtsmaßnahme erweist sich aber als überflüssig. Während er hört, wie seine liebe Stiefmutter schimpft und tobt und von seinem Vater verlangt, daß er aus dem Haus müsse, nimmt er all seinen Mut zusammen und betritt das Zimmer seines Vaters. Der ist ganz leichenblaß und zittert vor Zorn, aber er schlägt ihn nicht. Vielmehr sagt er ihm, daß er jetzt von seinen Streichen endgültig genug habe und er jetzt wählen müsse, welches Geschäft er erlernen wolle – drei Tage hätte er Bedenkzeit.
„Dann kommst du in eine Lehre, wo man dir deine Mucken sicher austreibt."
Und jetzt trifft Johann Most eine Entscheidung, die für sein späteres Leben maßgebend sein soll: seine Berufswahl. Er, der froh ist, keine Prügel zu bekommen, und der sich darauf freut, endlich aus dem Haus zu kommen und so seiner Stiefmutter zu entfliehen, er sagt ganz einfach:
„Wie wäre es, wenn ich die Buchbinderei erlernte?"
Wieso er gerade auf diese Idee kam, war ihm weder damals noch später klar. Er meint, diese Arbeit könne nicht allzuschwer sein, er hätte schon öfter zugeschaut. Im übrigen will er später sowieso Schauspieler werden. Sein schiefes Gesicht sei dafür kein Hindernis, das werde schon wieder „verwachsen".
Seine Stiefmutter – Most nennt sie zur Abwechslung *„Kanaille"* – hat Bedenken: Für so einen Beruf müsse man zuviel Lehrgeld bezahlen. Und das sei der Johann nicht wert. Wenn man ihn aufs Land zu einem Schuster oder Schneider schickte, würde das gar nichts kosten. Aber gegen alle Einwände der Stiefmutter läßt ihm sein Vater das „Berufswahlrecht".
Den Buchbindermeister Weber, bei dem Most schließlich landet, nennt er einen jener Meister, die sich damals durch „Lehrlingsschindung" über Wasser hielten, weil sie nicht imstande waren, einen Gesellenlohn zu zahlen.
Die Lehre selbst schildert er nur ganz kurz. (Most spricht hier von sich in der dritten Person, denn dieser Teil seiner Memoiren war anonym erschienen, weil er ihn im Gefängnis schrieb und von dort hinausschmuggelte.)
„Diese Lehrzeit gestaltete sich bald zu einer völligen Sklaverei. Obgleich der biedere Lehrmeister sich hundert Gulden Lehrgeld zahlen ließ und verlangte, daß der Lehrling sein Bett mitbringe und für seine Wäsche aufkomme, beutete er sein Opfer bis zum letzten Blutstropfen aus. Im Sommer mußte einfach von fünf Uhr morgens bis zum Sonnenuntergang gearbeitet werden, und im Winter dehnte sich die Schinderei oft gar bis zehn und zwölf Uhr nachts aus. Außer den gewerblichen Arbeiten hatte der schwächliche Bursche noch Hausknechts- und Kindsmagds-Dienste zu leisten."
Er meint, es sei wohl einleuchtend, daß er unter diesen Umständen seinen Beruf nicht lieben konnte. Im übrigen war er damals immer noch von der Idee besessen, Schauspieler zu werden, und betrachtete seine Lehrzeit nur als „Warteperiode".
Am Sonntag mußte er nicht arbeiten. Er verstand es, sich durch alle möglichen Tricks ins Theater Einlaß zu verschaffen, um sich Vorstellungen anzusehen. Denn Geld hatte der Buchbinderlehrling Most natürlich keines, und so mußte er eben zusehen, wie er umsonst ins Theater konnte. Als sein Meister den Theater-

LEHRBRIEF

Zur Bekräftigung ist dieser Lehrbrief von dem obrigkeitlichen Herrn Innungs-Commissär, und dem Lehrherrn unterfertigt, und mit dem Innungs-Siegel versehen worden.

Obervorsteher der

Untervorsteher

Lehrherr

Innungs-Commissär

Schneiderwerkstätte, um 1895. Federzeichnung von F. Mayrbach

enthusiasmus seines Lehrlings entdeckte, sprach er im Theater vor, und Most wurde hinausgeworfen, sobald man ihn entdeckte. Der aber gab sich nicht geschlagen und versteckte sich schon stundenlang vor der Vorstellung auf dem Schnürboden des Theaters. Wenn er dann spät abends nach Hause kam, wurde er jedesmal von seinem Meister tüchtig verprügelt. Doch immer wieder schlich er sich am Sonntag ins Theater. Wenn er für seinen Meister Besorgungen zu erledigen hatte, so deklamierte er auf der Straße laut und auswendig irgendwelche dramatischen Szenen oder Gedichte, zur Erheiterung der Gassenjungen, die ihm rudelweise nachliefen.
Most wollte am Sonntag auch nicht in die Kirche beziehungsweise in den nachmittäglichen Religionsunterricht gehen. Die sogenannte „Christenlehre" war aber in Bayern laut Gesetz für alle jungen Leute unter 18 Jahren Pflicht. Most verleitete auch andere Burschen, von der alle sechs Wochen fälligen Beichte wegzubleiben. Als der Pfarrer dafür am Sonntag alle Jungen tüchtig durchprügelte, flüchtete er. Ergebnis: Einige Tage darauf klopft ein schnurrbärtiger Polizist an der Tür der Buchbinderwerkstätte und überbringt für Most eine Ladung zur Polizei. 24 Stunden Polizeiarrest mußte er dafür absitzen, daß er die Kirche geschwänzt hatte. Natürlich sparte auch nicht der Meister mit handgreiflichen Ermahnungen. Ähnlich drastisch verlief auch das Ende von Mosts Lehrzeit. Einen Leimpinsel hatte er anbrennen lassen. Sein Meister wollte ihm dafür den Leimtopf an den Kopf werfen, traf aber nicht. Wutentbrannt wünschte ihn der Meister über alle Berge. Most wies ihn darauf hin, daß seine Lehrzeit ohnehin in sechs Wochen abgelaufen sei, worauf ihn der Meister brüllend zum Teufel wünschte. Der Lehrling Most ging – nicht zum Teufel, aber nach Hause. Zu Hause berichtete er seinem Vater, daß er nun „frei" sei. Wirklich erhielt er bald darauf seinen Lehrbrief. Gleich bewarb er sich um ein „Arbeitsbuch", ohne das kein Handwerksbursche auf die Wanderschaft ziehen konnte.
Was in diesem Arbeitsbuch so alles geschrieben stand, wirft ein bezeichnendes Licht auf die damaligen sozialen Verhältnisse und Rechte der Arbeiterschaft:
„Gesellen, welche sich der Arbeit an den dazu bestimmten Tagen entziehen, sind augenblicklich in die Werkstätte zurückzuschaffen und zu bestrafen.
Gegen die Verabredung mehrerer Gesellen zum Austritt aus der Arbeit aus Trotz oder Ungehorsam gegen die Obrigkeit oder in der Absicht, das Zugestehen einer von ihnen gemachten Forderung zu erzwingen, ist nach Maßgabe der bestehenden Strafgesetze unnachsichtlich einzuschreiten."
Johann Most wanderte nach Frankfurt. Die eingangs beschriebene Stellung hielt er nur sechs Wochen aus. Eine andere, bessere – *nur* zwölf Stunden Arbeitszeit, bessere Verpflegung – behielt er zehn Monate lang. Doch dann überkam ihn der Wandertrieb ganz mächtig.
Als wandernder Handwerksbursch, teilweise „fechtend", also bettelnd, und zwischendurch immer einige Zeit arbeitend, bereist er ganz Deutschland, die Schweiz, Italien, Slowenien und Österreich. Bis nach Wien kommt er, findet aber keine Arbeit.
Wieder in der Schweiz, trifft er auf organisierte Arbeiter, auf Mitglieder der Ersten Arbeiter-Internationale. Mit Feuereifer greift Most die für ihn neuen sozialen Ideen auf und entwickelt sich zum Agitator für die Sache des Sozialismus.
Im Jahr 1869 ist er in Wien aktiv. Radikal beschreibt er die politische Lage in Österreich, wobei er gar nicht schmeichelhaft über Kaiser Franz Joseph spricht:
„Die Niederlage, die bei Königsgrätz über die schwarzgelbe Zopfregierung hereingebrochen war und das ganze österreichische Kaiserreich bis in seine morschen Grundfesten hinein total erschüttert hatte, brachte den Burgtrottel von Wien auf die Idee, es einmal mit einer ‚liberalen Ära' zu versuchen. Sogenannte ‚Grundrechte' (hübsch geschriebene Verfassungssächelchen) wurden proklamiert, und im Ausland gab es bald Einfaltspinsel genug, die in der Presse von einer ‚Freiheit wie in Österreich' fackelten.
Immerhin liefen die Dinge eine Weile ziemlich glatt. Insbesondere durften die Arbeiter, denen zuvor nur katholische Gesellen-Vereine und zünftlerische Zwangsgenossenschaften offenstanden, daran denken, sich zu organisieren und öffentliche Agitation zu betreiben."
Und genau das tut Most. Er agitiert. In so scharfem Ton, daß er sich bald wegen „Störung der öffentlichen Ordnung" für einen Monat im Gefängnis befindet.
Am 30. Dezember 1869 demonstrieren in Wien 50.000 bis 60.000 Arbeiter für augenblickliche Rede-, Presse- und Versammlungsfreiheit. Most ist unter den Organisatoren dieser

Demonstration. Minister Taaffe empfängt eine Delegation der Demonstranten, der auch Most angehört und die mit nichtssagenden Worten abgespeist wird. Bald darauf erhält Most die Rechnung. Er ist wieder im Gefängnis. Diesmal unter der Anklage des Hochverrats. Am 4. Juli 1870 wird ihm zusammen mit drei anderen Angeklagten, Scheu, Oberwinder und Pabst, der Prozeß gemacht.
Hier nur ein Satz aus seiner Beschreibung des Gerichts: *„Als Präsident figurierte der Landesgerichtsrat Schweiger, hinter dem hoch oben an der Wand der Kaiser von Österreich aufgehängt war, leider nur in effigie*.“*
Most wird zu fünf Jahren schweren Kerkers verurteilt, verschärft durch einen Fasttag im Monat. In der Strafanstalt Suben muß er bis zum Februar 1871 seine Strafe absitzen. Dann wird er nach einer Regierungsumbildung durch das neue Ministerium Hohenwart begnadigt. Die Wiener Arbeiter bereiten ihm einen jubelnden Empfang.
Bald danach, im Mai 1871, wird er aus Österreich ausgewiesen. Wieder begleiten ihn die Wiener Arbeiter zum Bahnhof und verabschieden ihn. Er fährt nach Deutschland. Dort agitiert er weiter, unter anderem auch als Reichstagsabgeordneter, immer wieder unterbrochen durch Gefängnisaufenthalte.
Nach dem Erlaß des sogenannten „Sozialistengesetzes“ 1879 und dem Verbot der Sozialdemokratischen Partei geht er nach England, wird auch dort eingesperrt und geht schließlich 1882 nach Amerika. Auch dort kämpft er, immer radikaler werdend, für eine andere Gesellschaftsordnung. Nach mehreren Gefängnisaufenthalten stirbt er 1906 in Cincinnati.

* in effigie: als Bild, bildlich.

Kavallerie-Attacke in Hernals, 1889

Johann B., Maurerlehrling

Johann B. ist einer von jenen, die wir nicht mehr persönlich über die Lehrzeit befragen können. Aber wir können rekonstruieren, was er damals um die Jahrhundertwende erlebt hat, als er das Maurerhandwerk erlernte. Er hat uns nämlich eine selbstverfaßte Geschichte seines Lebens hinterlassen, und wenn er auch nicht mehr selber Rede und Antwort stehen kann, so wird seine Lehrzeit doch aus dieser sogenannten Autobiographie lebendig. Johann B. hat seinen Lebensbericht in den fünfziger Jahren geschrieben, und selbst damals stand ihm ein Vorfall noch ganz klar vor Augen, der sich im Jahre 1900 zugetragen hatte, als er Maurerlehrling im ersten Lehrjahr war.

Johann B. oder Hansi, wie er damals sicher gerufen wurde, war einer von vier Lehrbuben, die auf einer Baustelle im 10. Wiener Gemeindebezirk in der Quellenstraße beschäftigt waren. Er beklagte sich bitter über die Behandlung, die ihm widerfuhr, und nennt sie *„geradezu unmenschlich"*. An den Lehrbuben haben damals nicht nur Hauptpolier, Poliere und Bauschreiber, sondern auch Maurer und Gerüster *„ihren Unwillen weidlich ausgelassen"*. Besondere Angst hatten alle Lehrlinge vor dem Schnapsholen, denn das war ihnen streng verboten.

„Wenn ich einen von euch beim Schnapsholen erwische", so erklärte ihnen der Hauptpolier fast täglich, *„so kriegt er Watschen, daß ihm das Heu beim Schädel 'raussteht!"*

Damals, erinnert sich Johann B., gab es aber keinen Bauarbeiter, der nicht seine Schnapsflasche bei sich getragen hätte. Eine flache Viertelliterflasche konnten die Maurer leicht unter ihrer Latzschürze verstecken, und wenn der Vorrat noch vor der nächsten Arbeitspause zu Ende ging, erhielt ein Lehrling den Befehl, die Flasche beim nächsten Branntweiner auf-

„Sind Ziegelarbeiter auch Menschen?" Arbeitsbedingungen damals . . .

füllen zu lassen. Der arme Lehrling mußte gehorchen, denn hätte er sich geweigert, wäre er wohl sofort mit Ohrfeigen traktiert worden. Die waren ihm völlig sicher. Vom Polier konnte er aber nur geschlagen werden, wenn dieser ihn erwischte. Das aber kam auch nicht gerade selten vor.
„Wir Lehrlinge", erinnert sich Johann B., *„die wir gewiß ein im allgemeinen ganz erbärmliches Leben führen mußten, waren mit nichts so geplagt wie mit dem Schnapsholen."*
Und dann berichtet er von einem Vorfall, den er selbst als *„nicht gerade appetitlich"* bezeichnet.
An einem Nachmittag war ein Maurer namens Maier schon ziemlich betrunken. Trotzdem ruft er den Lehrling Hansi zu sich und befiehlt ihm, seine Schnapsflasche neu füllen zu lassen.
„Geh aber nicht zum Juden! Dem sein Schnaps stinkt. Hol ihn beim Weißensteiner!"
Folgsam schleicht der Lehrling Hansi zum Weißensteiner und läßt die Flasche füllen. Noch vorsichtiger und voller Angst schleicht er zurück, denn wenn ihn der Polier erwischt, dann kriegt er ja Watschen, *„daß ihm das Heu zum Schädel 'raussteht"*. Plötzlich hält ihn ein Maurer auf und verlangt die volle Schnapsflasche von ihm. Hansi will nicht, aber der Maurer reißt ihm die Flasche aus der Hand, setzt sie an den Mund und leert sie in einem Zug zu mehr als der Hälfte.
Jetzt ist guter Rat teuer. Die kümmerlichen Reste betrachtend fragt Hansi, was er denn jetzt machen solle? Der Maier wird ihn ganz sicher schlagen, wenn er mit der fast leeren Flasche zurückkommt.
Aber lassen wir den Hansi selber erzählen, wie die Sache weiterging – damals, vor mehr als achtzig Jahren:
„‚Mach dir nichts draus', erhielt ich zur Antwort, ‚die Flasche wird gleich wieder voll sein!' Der Maurer drehte sich ein wenig zur Seite, nestelte an seiner Hose herum und senkte die Flasche unter die Leibesmitte. Einen Augenblick später gab er sie mir, bis zum Rand mit schäumender Flüssigkeit gefüllt, zurück. Völlig ratlos stand ich da, als der Maurer nun, nachdem er das Werk getan, verschwand.
Aber schließlich blieb mir ja kaum etwas anderes übrig, als den grausamen Scherz fortzusetzen. Ich schüttelte den Schaum aus der Flasche und brachte sie, wie sie war, dem Maurer Maier. Er griff sofort gierig nach ihr und tat einen herzhaften Schluck.

. . . und heute

‚Pfui Teufel', rief er aus, als er die Flasche absetzte, und spuckte in weitem Bogen aus. ‚Lausbub, elendiger, warst wieder beim Juden! Ich hab dir gesagt, du sollst zum Weißensteiner gehen.' Ich versicherte ihm wahrheitsgemäß und treuherzig, daß ich beim Weißensteiner gewesen sei, worauf er mir antwortete: ‚Na, der stinkt ja wie vom Juden.'
Im nächsten Augenblick nahm er einen neuerlichen Schluck, spuckte ihn aber sofort zur Gänze aus und zertrümmerte die Flasche auf einem Ziegelhaufen. Nun ergriff ich aber schleunigst die Flucht; hätte ich das nicht getan, so wäre es mir schlecht ergangen."
Der Maurer Maier hat bald von dem Streich erfahren, der ihm hier gespielt wurde. Hansi mußte dafür bezahlen, denn der Maier hat ihm noch so manche Ohrfeige verabreicht.
Hier könnte man jetzt behaupten, die Watschen hätten dem Hansi nicht geschadet, schließlich sei er später Nationalratsabgeordneter und Zweiter Parlamentspräsident geworden. Aber das wäre wohl zu billig und höchstens ein Argument für jene, die heute noch glauben, zur Lehrlingsausbildung gehören auch Watschen. Außerdem will ich jetzt auch noch nicht verraten, wer sich hinter dieser Abkürzung Johann B. eigentlich verbirgt, sondern lieber noch mehr von ihm erzählen.
Geboren wurde er am 26. Jänner 1886 in Stögersbach, einem kleinen Dorf im Waldviertel. Sein Vater war der Maurer Josef B., und seine Mutter Marie war landwirtschaftliche Hilfsarbeiterin.
Seine Familie zog bald nach seiner Geburt nach dem Dorf Markl im Bezirk Waidhofen an der Thaya, wo sich seine Eltern von den Ersparnissen der Mutter als bäuerliche Dienstmagd ein winziges Häuschen „angekauft" hatten. Dieses Häuschen bestand nur aus einem einzigen Zimmer, einer fensterlosen Kammer und einer Küche, und dort verbrachte Hansi mit seinen Eltern, mit seinen drei Schwestern und auch mit Ziegen, Schweinen und Hühnern seine Kindheit.
Seinen Vater bekam er während der ersten Jahre seiner Kindheit nur selten zu Gesicht, denn dessen Arbeitstag dauerte 13 Stunden, und dazu kam meist noch eine Stunde Wegzeit zum Arbeitsort und eine Stunde für den Rückweg. Trotzdem war der Verdienst des Vaters viel zu gering, als daß die ganze Familie auch nur zur Not davon hätte leben können. Deswegen hielt die Mutter Ziegen, Schweine und Hühner,

um die karge Kost mit etwas Milch, im Winter mit ein wenig Fleisch und im Sommer mit Eiern aufbessern zu können.
Hansis Mutter arbeitete außer im Haushalt auch noch bei einem Bauern, um so den Pachtzins für ein Stück Feld abzuarbeiten, auf dem Kartoffeln und Rüben sowohl als Tierfutter wie auch für die Ernährung der Familie angebaut wurden. Eine zusätzliche Arbeit war auch noch die Beschaffung des Brennmaterials aus dem weit entfernten Wald, denn die „herrschaftlichen" Waldbesitzer hatten in „großzügiger Weise" den armen Familien erlaubt, Tannenzapfen und Fallholz unentgeltlich zu sammeln. Trotz der ungeheuren Arbeitsbelastung der Eltern, erzählt Johann B., sei oft der *„nackte Hunger"* bei ihnen zu Gast gewesen.
„Frühstückskaffee gab es bestenfalls nur einmal in der Woche, nämlich sonntags, in der Regel aber nur an großen Feiertagen. Aber noch bei solchen Gelegenheiten hat meine Mutter uns Kinder stets davon zu überzeugen gesucht, daß Erdäpfel viel besser zum Kaffee schmecken als Brot. Brot war ja immer zuwenig im Haus."
„Unser Mittagessen bestand in der Hauptsache aus Gemüse, das meine Mutter auf dem gepachteten Kartoffelacker mit angebaut hatte. Das Abendessen war Mehlsuppe mit Kartoffeln – nicht zu verwechseln mit Milchsuppe, die wir manchmal auch hatten, aber als Festessen. Fleisch gab es nur an Sonn- und hohen Feiertagen; ein halbes Kilogramm, meist gekochtes Schweinefleisch, mußte für die sechsköpfige Familie genügen. Schweinefleisch wurde aus dem Grund bevorzugt, weil sein Volumen beim Kochen etwas größer wurde, während Rindfleisch bekanntlich einschrumpft."
Aus seiner Schulzeit erinnert sich Johann B. noch in Dankbarkeit an einen Volksschullehrer, dem aufgefallen war, daß der kleine Hansi etwas aufgeschlossener war als seine übrigen Mitschüler. Im Winter mußte Johann B. zu Hause nicht so viel mithelfen, und deswegen hatte er auch die Zeit und blieb gerne nach Schulschluß noch in der Schule, wo der Lehrer ihm und noch einem zweiten Mitschüler eine Art Nachhilfeunterricht erteilte.
Mit viel Mühe und mit großem Zeitaufwand verschaffte dieser Lehrer Johann B. Kenntnisse, die weit über die damalige Volksschulbildung hinausgingen. Er versuchte auch, Hansis Eltern zu überreden, ihren Buben aufs Gymnasium zu schicken. Aber nur für ein geistliches Studium hätte Hansi ein ausreichendes Stipendium bekommen können, und das wollten weder Hansis Eltern noch er selbst. Trotzdem wurde ihm das Herz schwer, als sich sein Schulkollege, der auch vom Lehrer gefördert worden war, von der Klasse verabschiedete, um die Mittelschule zu besuchen. Dieser Mitschüler wurde später Universitätsprofessor, und Hansi wurde Maurer.
Als Hansi im Jänner des Jahres 1900 die Schule verließ, war es eine beschlossene Sache, daß er Maurer werden sollte wie sein Vater. Er wurde bei einem Baumeister in Waidhofen an der Thaya aufgedungen, und ein paar Wochen später machte er sich gemeinsam mit seinem Vater nach Heidenreichstein auf, um beim dortigen Fabrikneubau seine neue Laufbahn zu beginnen.
Hansi wollte gerne Maurer werden, doch schon der erste Tag brachte ihm Enttäuschungen. Da war zunächst einmal der Umstand, daß der neue Arbeitsort ungefähr drei Wegstunden von seinem Heimatdorf entfernt lag und er deswegen mit seinem Vater in Heidenreichstein übernachten mußte. Die Schlafstelle, die der Baumeister für eine Anzahl von Arbeitern zur Verfügung gestellt hatte, war sehr dürftig: in einem großen, saalähnlichen Raum war einfach Stroh aufgeschüttet worden. Auf ein paar in die Wand eingeschlagene Nägel konnten sie in dem ansonsten völlig leeren Raum ihre Kleider aufhängen. Als Waschgelegenheit diente der Brunnen im Hof. Auch die Verpflegung war mehr als karg: als Frühstück gab es einen Keil Brot.
Noch schlimmer war es aber um die Arbeit selbst bestellt. Ein Vorarbeiter drückte Hansi zwei Butten in die Hand, mit denen er zwei Maurer mit Mörtel versorgen mußte. Das war die Arbeit für einen erwachsenen Hilfsarbeiter und überstieg die körperlichen Kräfte eines vierzehnjährigen Jungen bei weitem. Total erschöpft und völlig zerschlagen sank Hansi jeden Tag nach Arbeitsschluß auf sein Strohlager.
Mit dem Erlernen des Maurerhandwerks hatten diese Hilfsarbeiten eigentlich nichts zu tun – heute nennt man dies berufsfremde Arbeiten, und sie sind laut Berufsausbildungsgesetz für Lehrlinge verboten. Hansis Vater drängte mehrmals darauf, daß sein Sohn doch endlich für Maurerarbeiten verwendet werden solle. Als alle Vorstellungen nichts fruchteten, riß ihm nach 14 Tagen die Geduld, und er rief dem Baumeister das „Götz-Zitat" zu. Gemeinsam mit

Die Maurer auf dem Heimweg

seinem Sohn bündelte er sein Werkzeug, und die beiden traten den Heimweg an. So endeten die ersten zwei Wochen von Hansis Lehrzeit.
Zu Hause wurde dann Familienrat abgehalten. Nach eingehenden Beratungen wurde beschlossen, daß Hansi mit seinem Vater nach Wien fahren sollte.
Johann B. erinnert sich noch genau an diese Zugfahrt nach Wien. Der Zug war überfüllt mit Wanderarbeitern aus Böhmen und dem nördlichen Waldviertel, die alle in der Hauptstadt der damaligen Monarchie ihr Glück versuchen wollten. Genauso klar hat er auch noch das Bild vor Augen, daß sich ihm bei seiner Ankunft am Franz-Josefs-Bahnhof in Wien bot:
„Scharen von Bauarbeitern strömten, beladen mit Gepäcksstücken aller Art, die Männer meist

zwei Hüte auf dem Kopf, über den Althanplatz, zogen teils zu Fuß weiter, während wir und viele andere der Pferdebahn zustrebten, um mit ihr an unseren Bestimmungsort zu gelangen. Weit aus dem Fenster des kleinen Waggons gebeugt, betrachtete ich, mit offenem Munde staunend, die vielen an unserer Pferdebahn vorüberhastenden Fuhrwerke und Menschen, die himmelstrebenden Häuser und Türme. Als wir an dem neuen Wiener Rathaus, das auf mich einen besonderen Eindruck machte, vorüberfuhren, wollte ich gerne aussteigen, um es mir näher betrachten zu können. Mein Vater hatte aber keinen Sinn für ein solches Unternehmen und vertröstete mich auf eine spätere Zeit, zu der ich sowohl das Rathaus wie auch andere interessante Bauwerke Wiens kennenlernen sollte."

Auch ein Arbeitskollege von Hansis Vater war mitgekommen, um in Wien Arbeit zu finden. Er hatte bereits bei einer Eisenbahnerfamilie im 10. Wiener Gemeindebezirk für sich und die beiden B. Schlafplätze bestellt. Diese Familie hatte noch zwei Kinder und bewohnte nur eine winzige Zimmer-Küche-Wohnung. Die Schlafstelle für Hansi und seinen Vater war ein Notbett in einer dunklen Gangküche, das immer abends aufgestellt und frühmorgens wieder entfernt wurde. Es war so schmal, daß die beiden die ganze Nacht eng aneinandergeschmiegt liegen mußten, um nicht herauszufallen. Der Preis dafür war aber nur 1 Gulden und 80 Kreuzer pro Woche, während der Kollege von Hansis Vater, der ein Bett für sich allein hatte, dafür 1 Gulden und 20 Kreuzer bezahlen mußte.

Damals gab es im Baugewerbe keine wie immer geartete Arbeitsvermittlung. Die Arbeitsuchenden mußten sich also vor der Baukanzlei aufstellen und auf das Erscheinen des Poliers warten. Anstellen mußte man sich mindestens eine Stunde vor Arbeitsbeginn, weil sonst die Menge der Konkurrenten viel zu groß war. Irgendwann erschien dann einmal der Polier und drängte sich durch die Menge der ihm geflissentlich ihre Arbeitsbücher hinhaltenden Bauarbeiter. Diese entwürdigende Prozedur mußten auch Hansi und sein Vater über sich ergehen lassen. Das Jahr 1900 war ein relativ gutes Baujahr, aber in manchen Jahren gab es ein großes Überangebot von Arbeitskräften, und dann wurde die Arbeitsuche geradezu eine Qual, ja vielfach eine Bettelei. Jedenfalls fanden Hansi und sein Vater vor den Augen des Poliers an jenem Tag Gnade. Mit den Worten „*Kummts*

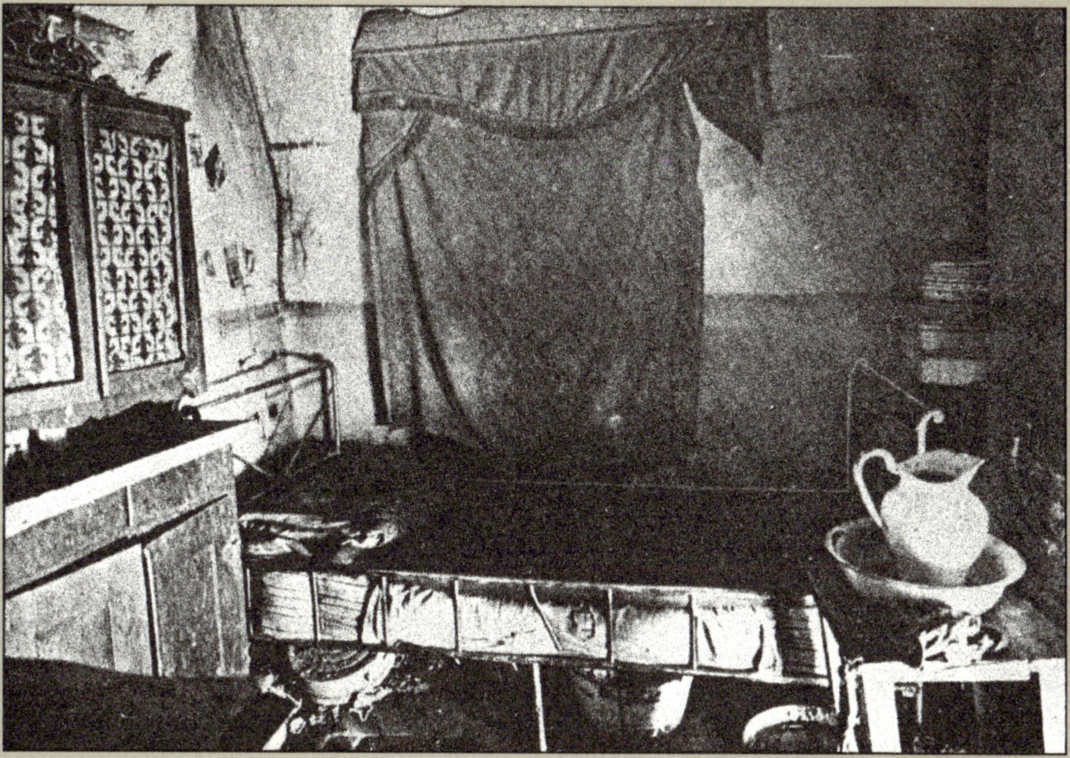

eina da" bat er sie und noch einige andere Arbeiter in die Baukanzlei. Dort legte ihnen als erstes der Bauschreiber die „Arbeitsordnung" vor, die sie unterfertigen mußten. Diese Arbeitsordnung war in jener Zeit ohne jegliche Mitwirkung der Arbeiterschaft entstanden und enthielt für die Arbeitnehmer nur Pflichten, aber keinerlei Rechte.
Dann mußten sich die in der Baukanzlei versammelten Arbeiter eine Gardinenpredigt des Poliers anhören:
„Bei mir muß fleißig g'arbeitet werden, das müßts euch merken. Wen ich beim Faulenzen erwische, der fliegt im selben Augenblick in hohem Bogen hinaus. Ich hoffe, ihr habt mich verstanden!"
Hansi hatte die ganze Zeit fasziniert den Polier angestarrt, den er als ein recht seltsames Individuum beschreibt: groß, mit breiten Schultern und einem stattlichen Bauch, ein schwammiges, breites Gesicht mit einer blaurot verfärbten Nase, auf deren Seite sich eine Warze in der Größe eines halben Daumens befand. Sein Gesichtsausdruck hatte eine verblüffende Ähnlichkeit mit einem Tiger, den Hansi ein paar Wochen später in Schönbrunn sah.

Hansi erfuhr bald, woher die merkwürdige blaurote Verfärbung des Gesichts und besonders der Nase des Poliers stammte – vom übermäßigen Weingenuß. Von Leuten, die es wissen konnten, wurde erzählt, daß der gute Mann täglich zwanzig bis dreißig Viertel Wein konsumierte. Wie Hansi aus eigener Anschauung bestätigt, war der Polier jedenfalls täglich ab der Mittagszeit schon besoffen. Dann beschimpfte er alle ihm Untergebenen einschließlich der Vizepoliere auf unflätige Weise. Besonders die Frauen, damals auf der Baustelle „Weiber" genannt, bedachte er mit Ausdrücken, die Hansi die Schamröte ins Gesicht trieben.
Johann B. meint, wer die damaligen Verhältnisse kennt, müsse sich eigentlich wundern, wo der Mann das Geld für den Suff hernahm, da damals die Entlohnung der Poliere und auch der Hauptpoliere eher bescheiden war. Besonders die Hauptpoliere hatten aber eine Vielfalt von Nebeneinnahmen, die ihr Gehalt weit überstiegen. Die Lieferanten und Handwerker der Baustelle waren ihnen tributpflichtig, das heißt, wenn sie nicht ständig Freß- und Saufgelage veranstalteten und zusätzlich Provisionen zahlten, so konnten sie sich nicht halten. Auf

einigen Baustellen ging dies sogar so weit, daß Ziegel- oder Sandfuhren vom Bauschreiber als übernommen bestätigt wurden. Daraufhin wurden sie noch einmal um den Häuserblock herumgeführt, und die Übernahme wurde noch ein zweites Mal bestätigt. Im besten Fall wurde dann das Material auch abgeladen.
Hansis Hoffnungen, in Wien bessere Arbeitsbedingungen vorzufinden, wurden enttäuscht. Er wurde damit beschäftigt, den Maurern Ziegel zuzutragen. Diese Arbeit war zwar nicht so schwer wie das Tragen der Mörtelbutten, die er in Heidenreichstein schleppen mußte. Dafür aber wurde er auf dieser Baustelle immer wieder geschlagen und war besonders mit dem schon eingangs geschilderten „Schnapsholen“ gestraft. Er und die vier anderen Lehrbuben auf der Baustelle waren sozusagen die Watschenmänner für die übrigen Beschäftigten.
Auf einer anderen Baustelle hätten die Lehrlinge zu jener Zeit nicht so weit laufen müssen, um Schnaps zu holen. Es gab damals nämlich überall Kantinen. Diese wurden entweder im Namen des Poliers und auf seine Rechnung von seiner Freundin, dem sogenannten „Stubenmädchen“, geführt oder aber von einem Wirt, der dem Polier 25 bis 30 Prozent seiner gesamten Einnahmen als Provision abzuliefern hatte. Die Einkünfte, die sich die Poliere auf diese Weise verschafften, waren ziemlich groß: einige konnten sich nach wenigen Jahren „erfolgreicher Tätigkeit“ als Bauunternehmer etablieren oder sich ein Zinshaus kaufen.
Für die Arbeiter aber war es ein ungeschriebenes Gesetz, daß sie ihren Bedarf an Lebensmitteln und Getränken in der Kantine zu decken hatten. Jene, die sich nämlich an dieses „Gesetz“ nicht hielten, wurden schon nach wenigen Tagen entlassen. Die Arbeiter zahlten bei dieser Kantinenwirtschaft ganz ordentlich drauf, denn was dort verkauft wurde, war immer minderwertiges Zeug, das dafür aber wesentlich teurer war als in den Geschäften der Umgebung. Meist versuchten die Poliere auch dadurch den Umsatz zu heben, daß sie den Arbeitern Vorschuß auf ihren Wochenlohn gaben oder ihnen die Waren überhaupt auf Kredit überließen. Wenn dann am Samstag ein Arbeiter mit dem Hut in der Hand seinen Wochenlohn in Empfang nehmen wollte, konnte es vorkommen, daß der Polier, nachdem er den Lohn auf den Tisch gezählt hatte, das Geld gleich dem neben ihm sitzenden Stubenmädchen zuschob und dem Arbeiter erklärte, daß er ihm noch eine weitere Summe schulde . . .
In seinen Lebenserinnerungen geht Johann B. mit dem Kantinenwesen der damaligen Zeit scharf ins Gericht. Man könne die damaligen Zustände gar nicht schwarz genug schildern. In diesem Zusammenhang berichtet er, daß die Zahl der durch Alkohol verursachten Unfälle ungeheuer groß war. Auf den damaligen Bauten wurde nämlich nicht einmal für die primitivsten Sicherheitsvorkehrungen gesorgt, und so konnte es durchaus vorkommen, daß ein Arbeiter in seinem Schnapsdusel von einem ungeschützten Gerüst torkelte und sich das Genick brach. Bei der Feststellung der Unfallursachen machte man es sich sehr leicht: sie wurden immer auf das Konto Alkohol gebucht, auch wenn dies gar nicht der Fall war.
Hansi wurde selbst einmal Zeuge eines solchen Unfalls:
„Ein Maurer war vom Gerüst des dritten Stockwerks in die Tiefe gestürzt und blieb dort blutüberströmt liegen. Als der Polier zu dem Verunglückten kam, rief er sofort dem Stubenmädel zu, sie möge Schnaps bringen. Sie mußte dann, bei dem Verunglückten knieend, diesem die Flüssigkeit einflößen. Erst nachdem das geschehen war, erklärte der Polier: ‚Ach, der ist ja schon tot.‘ Und der Arzt der kurz darauf eintreffenden gerichtlichen Kommission konnte, nachdem er am Munde des Verunglückten gerochen hatte, mit gutem Gewissen feststellen: ‚Ja, der war betrunken.‘ Und damit war der Fall erledigt. So haben praktisch alle Unfälle als durch eigene Schuld herbeigeführt gegolten.“
Johann B. berichtet in seinen Erinnerungen, daß es damals bei diesem Vorfall keinem Arbeiter auch nur im Traum eingefallen wäre, die Kommission über den wahren Sachverhalt aufzuklären. Leider hat es auch der eingeschüchterte Bub nicht gewagt.
Hansi hatte genug zu tun, den ganzen Tag lang den Maurern, denen er zugeteilt war, Ziegel zuzutragen. So war er auf der Baustelle von sieben Uhr früh bis ungefähr sieben Uhr abends auf Trab. Nach dem offiziellen Arbeitsschluß um sechs Uhr abends mußte er nämlich noch gemeinsam mit seinen Lehrlingskollegen das herumliegende Werkzeug zusammensuchen und in der Zeughütte deponieren. Die Lehrlinge wurden dafür verantwortlich gemacht, wenn ein Werkzeug verlorenging.

Dieses Zusammentragen des Werkzeugs dauerte mindestens eine Stunde, und so kam Hansi auf eine tägliche Arbeitszeit von wenigstens zwölf Stunden. Damals wurde selbstverständlich auch an Samstagen gearbeitet, das heißt, die wöchentliche Arbeitszeit des Lehrlings Johann B. betrug 72 Stunden. Die abendlichen Überstunden wurden ihm natürlich nicht bezahlt. Sein Arbeitslohn betrug täglich 90 Kreuzer, während sein Vater 1 Gulden und 70 Kreuzer erhielt. Der Lohn seines Vaters war verhältnismäßig hoch, weil dieser ein sehr tüchtiger Maurer war. Deswegen erhielt Hansi auch 90 Kreuzer, während seine Kollegen im ersten Lehrjahr nur 80 erhielten. Mit seinem Vater zusammen verdiente Hansi 15 Gulden und 60 Kreuzer in der Woche. Nach Abzug der Krankenkassenbeiträge verblieben ihnen 15 Gulden (Lohnsteuer mußten sie damals nicht bezahlen). Abzüglich der Kosten für die Bettstelle und die Verpflegung und der Unterstützung, die sie der Mutter und den drei Schwestern nach Hause schickten, verblieb ihnen sehr wenig Geld. Johann B. erinnert sich:

„Ausgaben auch nur für das geringste und bescheidenste Vergnügen konnten wir uns nicht leisten. Ich erinnere mich nur, daß wir zweimal an einem Sonntagabend bei den sogenannten Volkssängern waren, wo wir stundenlang bei einem Glas Bier und einem mitgebrachten Stück Wurst gesessen sind, um uns die dort

vorgetragenen sentimentalen Lieder oder eine Reihe von öden Späßen anzuhören. In der Regel haben wir uns aber auch dieses Vergnügen versagt und haben, da Bettgeher zu Hause ja nicht gerne gesehen waren, Sonntagsspaziergänge unternommen, wobei ich die Stadt kennenlernte, oder aber wir sind – wenn wir müde waren – in Parks herumgesessen."

Johann B. meint dazu noch, daß es ihnen ja verhältnismäßig gut gegangen sei, da sein Vater nicht viel Geld für Schnaps ausgegeben habe. Die gewohnheitsmäßigen Schnapstrinker hätten zu ihrem Fusel meist nur ein Stück Brot hinuntergewürgt. Besonders schlecht ging es den Bauarbeitern in den Wintermonaten, wo alle mindestens zehn bis zwölf Wochen ohne Arbeit waren. Die meisten Bauarbeiter waren ja Saisonarbeiter, die nicht aus Wien stammten. Die wenigen, die doch in Wien zurückblieben, fristeten ein Leben mit irgendwelchen Gelegenheitsarbeiten. Oft blieb als letzte Zuflucht nur mehr die Wärmestube, mit grausamer Ironie nach dem Namen des Stifters „Hotel Königswarter" genannt. Dort konnten sie sich, wenn sie keine geheizte Wohnung hatten, tagsüber aufhalten, um sich zu wärmen, und sie erhielten auch zweimal täglich eine Schale Einbrennsuppe und ein Stück Brot.

Hansi blieb nicht lange auf der erwähnten Baustelle. Eines Nachmittags, als der Hauptpolier wieder einmal besoffen war, geriet er mit Hansis Vater wegen einer angeblich zu geringen Arbeitsleistung in Streit. Hansis Vater verlor die Geduld, rief dem Polier das bekannte Zitat aus dem „Götz von Berlichingen" zu und nahm sein Werkzeug, um in der Kanzlei seine Entlassung vorzunehmen.

Hansi hatte von weitem diesen Vorfall beobachtet, und bevor sein Vater ihn noch rufen konnte, ließ er den Ziegel fallen, den er eben seinem Maurer zureichen wollte, und gesellte sich zu seinem Vater. Er war froh, der „Hölle in der Quellenstraße" wie er die Baustelle nannte, entronnen zu sein, vor allem, weil er gehört hatte, daß es auf anderen Baustellen wesentlich besser zugehen sollte.

Nun ist es aber endlich an der Zeit, zu verraten, wer dieser Johann B. eigentlich ist, der uns die Arbeitsverhältnisse eines Lehrlings im Jahr 1900 so genau schildert. B. steht für den Familiennamen Böhm. Im April 1945 war er einer der Mitbegründer des Österreichischen Gewerkschaftsbundes, war provisorischer Vorsitzender des ÖGB und später bis zu seinem Tod im Jahre 1959 dessen Präsident.

Nicht unerwähnt soll bleiben, wie Johann Böhm seine Lehrzeit beendete. Im Frühjahr des Jahres 1902, also am Ende seines zweiten Lehrjahrs als Maurerlehrling, hatte er von seinem Lehrlingsdasein endgültig genug. Dabei kam ihm eine Idee, wie er bereits als Maurer arbeiten könnte. Er nahm sein Arbeitsbuch und entschloß sich kurzerhand dazu, „*die Bezeichnung ‚Lehrling' wegzuradieren und durch das Wort ‚Geselle' zu ersetzen. Daß ich mich mit dieser Handlung eigentlich einer Urkundenfälschung schuldig machte, kam mir nicht im entferntesten in den Sinn. Ich freute mich nur unbändig, als ich das halbwegs gelungene Werk betrachtete*".

Wäre diese Fälschung entdeckt worden, hätte man Johann Böhm zweifellos eingesperrt, und sein weiterer Lebensweg wäre sicher anders verlaufen. Aber er hatte Glück, denn keiner seiner späteren Arbeitgeber machte sich die Mühe, sein Arbeitsbuch etwas genauer anzusehen.

Ein Jahr später nahm er die Lehrzeugnisse der ersten zwei Jahre seiner beruflichen Laufbahn und die Maurerzeugnisse des letzten Jahres, steckte sie in einen Briefumschlag und schickte sie mit dem Ersuchen um seine Freisprechung an die Genossenschaft der Bau- und Steinmetzmeister nach Waidhofen an der Thaya, wo er aufgedungen worden war. Wiederum hatte er Glück: einen Monat später hielt er seinen Lehrbrief in den Händen, zusammen mit einem Brief der Genossenschaft, daß sie Gnade vor Recht ergehen lassen wollte, denn von Rechts wegen hätte er noch ein Jahr nachlernen müssen.

Seinen weiteren Lebensweg können wir hier nur kurz streifen. Bereits mit 18 Jahren, also gleich nach Ende seiner Lehrzeit, wurde er Vertrauensmann einer gewerkschaftlichen Ortsgruppe. Er schildert auch einige Streiks, die er mitorganisieren half, unter anderem auch einen großen Streik, mit dem das geschilderte Kantinenunwesen beseitigt wurde. 1909 wurde er in den Vorstand der Baugewerkschaft gewählt, und ab 1912 war er deren Vertreter in der Arbeiter-Unfallversicherungsanstalt. Im Ersten Weltkrieg wurde er 1915 schwer verletzt und war lange Zeit arbeitsunfähig. Von 1918 bis 1921 war er Geschäftsführer des Arbeitsnachweises für das Baugewerbe (Arbeitsamt). Bis zu deren

Auflösung im Jahre 1934 war er Obmann der Baugewerkschaft. Dann folgte eine lange Haftstrafe sowie Internierung im Anhaltelager Wöllersdorf. Nach seiner Entlassung und auch während des Zweiten Weltkriegs war er illegal für die Arbeiterbewegung tätig.

Lois Weinberger und Johann Böhm gehörten zu den Gründern des überparteilichen Österreichischen Gewerkschaftsbundes 1945

Wiedererricht

Wiener Arbeiterkammer im August 1945 (von links): Andreas Korp, Adolf Schärf, Karl Renner, Karl Seitz und Johann Böhm

Anton Benya, Elektromechaniker-lehrling

Am 8. Oktober 1912 wurde Anton Benya in Wien geboren. Sein Vater, Stefan Benya, war Bäcker, später Wachebeamter.
Von 1918 bis 1926 besuchte er fünf Klassen Volksschule und drei Klassen Bürgerschule, was der damaligen Schulpflicht entsprach.
Aus seiner Schulzeit ist Anton Benya insbesondere sein Naturgeschichtslehrer in Erinnerung, der stets Verständnis für die Jugendlichen zeigte und mit ihnen bereitwillig über ihre Probleme gesprochen hat. Auch die sportlichen Ambitionen der Buben fand das Interesse dieses Lehrers, und zu ihrer Freude scheute er sich nicht, das runde Leder zu treten, wenn die Fußballmannschaft der Bürgerschule – zu deren Stützen auch Anton Benya zählte – in der Pause ein kleines Match absolvierte.
Sein damaliger Klassenvorstand empfahl seinen Eltern, sie sollten ihren Sohn in das Technologische Gewerbemuseum (entspricht der heutigen Höheren Technischen Lehranstalt) schicken. Doch Anton hatte es sich in den Kopf gesetzt, Mechaniker zu werden. Er wollte nicht mehr weiter in die Schule gehen und hatte schon genaue Vorstellungen von diesem Beruf. An technischen Dingen war er immer schon interessiert gewesen, und ihn hatte es zum Beispiel fasziniert, als Gas und Licht eingeleitet wurden. Damals waren aber die Lehrplätze eher dünn gesät, und seine Eltern hatten große Mühe, einen Lehrplatz zu finden. So kam es, daß er inzwischen bei einem Onkel, der Kaufmann war, im Geschäft aushalf.
Diese Aushilfe beim Onkel in einem Geschäft auf dem Land kann man als seine erste aktive Berührung mit der Arbeitswelt bezeichnen. Erst nach mehr als einem halben Jahr gelang es seinen Eltern, einen entsprechenden Lehrplatz aufzutreiben. Im Mai 1927 erschien also der kleine Toni in Begleitung seines Vaters bei der Firma Scheiber und Kwaysser, einem Wiener Starkstrombetrieb, um sich beim zuständigen Werkmeister, einem großen und stattlichen Mann, vorzustellen.

Er war etwas verschüchtert damals, am ersten Tag, erzählt er, denn bis jetzt hatte er ja nur in dem ländlichen Betrieb seines Onkels ausgeholfen, und die große Fabrik mit den über 200 Beschäftigten beeindruckte ihn schon sehr.
Toni war damals so klein, daß man ihm ein eigenes hölzernes Podest zimmern mußte, damit er zum Schraubstock hinauflangen konnte. Er war einer der kleinsten der fünfzehn Lehrlinge, die im Betrieb beschäftigt waren, abe[r] es erfüllte ihn mit Stolz und Freude, daß er diesen Beruf erlernen durfte. Seine Begeisterung konnte nicht einmal durch den Umstand gedämpft werden, daß er anfänglich in der Grundausbildung nur damit beschäftigt wurde, bestimmte Werkstücke zu feilen. Fast ein halbes Jahr lang feilte Toni Würfel, Winkel, Hämmer und ähnliche Dinge.
So stand er tagaus, tagein am Schraubstock. Einmal, ziemlich am Anfang seiner Lehrzeit, kam ein Geselle zu ihm und schickte ihn mit einer Marke zur Werkzeugausgabe, um dort bestimmte Werkzeuge zu übernehmen. Anton Benya erinnert sich, daß er seinen Schraubstock verließ, um dieses Werkzeug zu holen. Als er zurückkam – es hatte etwas länger gedauert –, stand der „Altbua", einer von den älteren Lehrlingen, bei seinem Arbeitsplatz: *„Was, jetzt bist erst so kurz da und tust schon tachinieren?"* Ganz erschrocken erklärte ihm Toni, daß er für Herrn X Werkzeug geholt habe, doch der „Altbua" meinte, diese Tricks würde er schon kennen.
Die älteren Lehrlinge, die „Altbuam", machten sich einen Spaß daraus, den jüngeren Lehrlingen, den Neuen, immer wieder einen Schrecken einzujagen. Einmal mußte Toni dringend die Toilette aufsuchen. Plötzlich großes Geschrei und Geklopfe an der Tür: *„Heast, jetzt tachiniert der am Häusl a schon . . ."*
Später arbeitete der Lehrling Anton Benya unter anderem in der Anlasser-Abteilung. Dort waren Schraubenlöcher mit Teer zu vergießen. Auf einmal fing dieser Teer zu brennen an. Toni

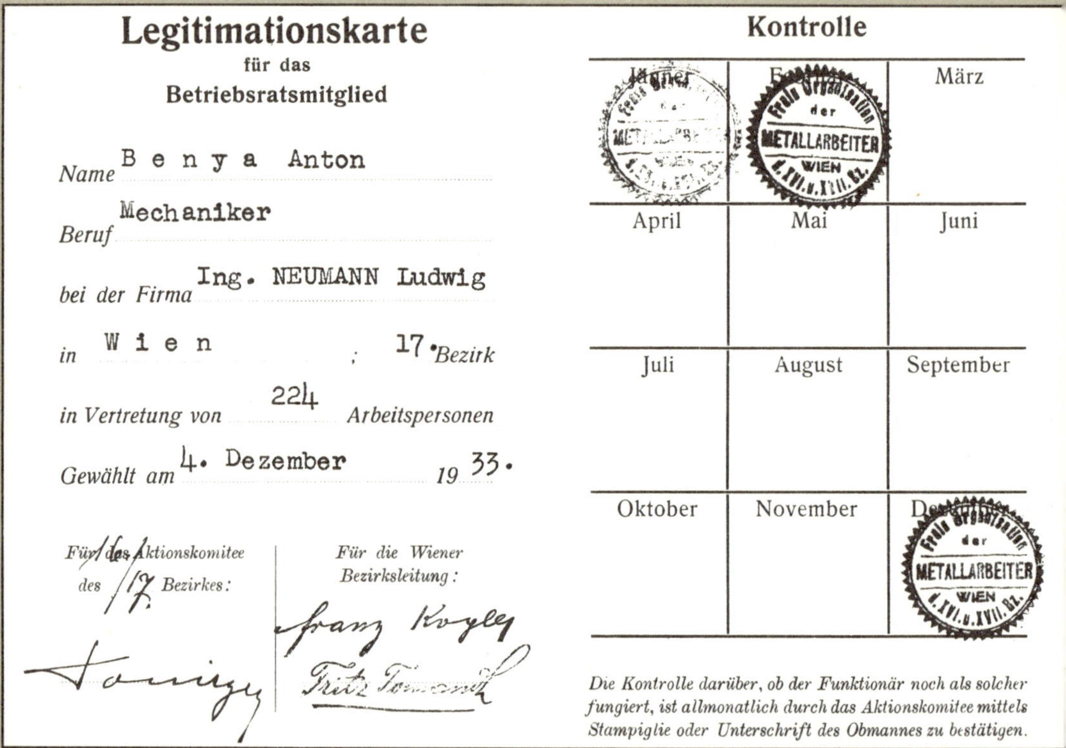

Legitimationskarte
für das
Betriebsratsmitglied

Name Benya Anton

Beruf Mechaniker

bei der Firma Ing. NEUMANN Ludwig

in Wien ; 17. *Bezirk*

in Vertretung von 224 *Arbeitspersonen*

Gewählt am 4. Dezember *19*33.

Für das Aktionskomitee des 17. Bezirkes:

Für die Wiener Bezirksleitung:

Kontrolle

Jänner	Feber	März
Freie Organisation der Metallarbeiter Wien	Freie Organisation der Metallarbeiter Wien XVI. u. XVII. Bz.	
April	Mai	Juni
Juli	August	September
Oktober	November	Dezember
		Freie Organisation der Metallarbeiter Wien XVI. u. XVII. Bz.

Die Kontrolle darüber, ob der Funktionär noch als solcher fungiert, ist allmonatlich durch das Aktionskomitee mittels Stampiglie oder Unterschrift des Obmannes zu bestätigen.

versucht zu löschen und bläst in den Teerbehälter hinein, mit dem Resultat, daß er über und über mit Teerspritzern bedeckt ist. In diesem Moment kommt der Meister vorbei: *„Geh heast, Benya, du schaust ja aus wie a Mohnnudel, was hast denn da g'macht?"* Tonis Gesicht war wie mit Sommersprossen übersät, während er mühselig die Teerspritzer wieder „runterkletzelte".
Die Gesellen im Betrieb kümmerten sich sehr um die ihnen anvertrauten Lehrlinge. Einer, er war Betriebsrat, machte mit ihnen an Sonntagen sogar Ausflüge. Auf diesen Wanderungen wurde über die verschiedensten Probleme diskutiert, und man begeisterte sich auch an den Schönheiten der Natur.
Anton Benya wurde aufgefordert, der Lehrlingssektion der Metallgewerkschaft beizutreten, was er auch tat. Anfangs hatte er nicht gleich den richtigen Kontakt zu seinen Kollegen gefunden, denn die Burschen, die schon länger in der Sektion waren, hatten ja schon alle gute Freundschaft geschlossen, und jetzt war da ein Neuer. Aber schließlich hat er sich doch gut eingelebt. Später wurde er ja sogar zum Schriftführer der Lehrlingssektion gewählt und war Jugendvertrauensmann im Betrieb.
Die Berufsschule besuchte er in der Wiener Mollardgasse. Er erinnert sich, daß sie in der zweiten Berufsschulklasse auch Lehrwerkstättenunterricht hatten. Einmal wurde dort ein elektrisches Pendel gebaut, und weil Toni im praktischen Unterricht gute Leistungen zeigte, wurde er einige Male vom theoretischen Unterricht befreit, um dem Werkstättenleiter beim Bau dieses Pendels zu helfen. Das hat ihm damals große Freude gemacht.
Die Frage, ob es im Lehrbetrieb denn nie Schwierigkeiten im Zusammenhang mit der Arbeit der Lehrlinge gegeben habe, verneint Benya. Anfangs hätten die Lehrlinge nach Arbeitsschluß die Werkstätte zusammenräumen und die Maschinen putzen müssen. Aber nachdem der Betriebsrat interveniert hatte, mußten sie nicht mehr den Boden aufwaschen, und ihre Abschlußarbeiten beschränkten sich auf das Maschinenputzen. Überhaupt war der Betrieb voll organisiert – die gesamte Belegschaft war bei der „Freien Gewerkschaft" Mitglied. Und ebenso wie der Betriebsrat die Arbeit der Erwachsenen, zum Beispiel die Akkordarbeit, genau überwachte, wurde natürlich auch auf die „Jungen" geschaut, zum Beispiel daß sie nicht zu Schwerstarbeiten

herangezogen wurden. Man kann sagen, daß der Betrieb eigentlich sehr fortschrittlich war.
Der Elektromechanikerlehrling Anton Benya hatte eine Wochenarbeitszeit von 48 Stunden. Gearbeitet wurde von sieben Uhr früh bis 16.30 Uhr, am Samstag bis 13 Uhr. 14 Tage Urlaub gab es damals für Lehrlinge. Feiertage waren nur der Neujahrstag, der Ostermontag, der 1. Mai, Pfingstmontag und der Christtag zu Weihnachten. Als Lehrlingsentschädigung erhielt er anfangs drei Schilling in der Woche, alle halben Jahre wurde um 50 Groschen erhöht.
Auf die Frage, wie ein Lehrling denn damals seine Freizeit verbracht habe, erzählt Anton Benya, daß er sich natürlich auch mit Freunden auf der Gasse getroffen habe, man sei ins Kino gegangen, habe Rad- und Wanderpartien gemacht, und er habe auch Fußball gespielt. Er ging auch zu Theater- und Musikveranstaltungen, meist im Stehparterre, fallweise mit den Freunden als Claque, als eigens bestellte Beifallklatscher, denn die Eintrittspreise waren ja für einen Lehrling viel zu hoch.
Einmal in der Woche, am Donnerstag, war Heimabend in der Lehrlingssektion, das heißt, wenn sie nicht auch am Sonntag einen gemeinsamen Ausflug unternahmen. Beim Heimabend gab es Vorträge, es wurden literarische Lesungen veranstaltet, und manchmal haben sie auch Sketches, kurze Theaterstücke, gemeinsam mit jungen Gewerkschaftern von anderen Bezirken aufgeführt. Damals haben sie auch viel politische Literatur gelesen, zum Beispiel Broschüren mit Reden von Otto Bauer. Man hatte ihm auch empfohlen, das „Kapital" von Karl Marx zu lesen. Das hat er damals wohl versucht, hat dieses Buch aber nicht verstanden. Erst später hat er diese Lektüre nachgeholt.
Als Lehrling hatte er in seinem Betrieb bereits die ersten großen Auseinandersetzungen zwischen Arbeitern und Unternehmern erlebt, denn während seiner Lehrzeit wurde zweimal gestreikt. 1929 kam es in einer Werkstätte zu einem Zwischenfall. Ein Direktor beschuldigte einen Arbeiter lautstark und zu Unrecht, seine Arbeit nicht richtig versehen zu haben. Die Belegschaft des Betriebs solidarisierte sich mit dem gemaßregelten Arbeiter und trat gegen diese Scharfmachermanieren geschlossen in den Ausstand. Die Lehrlinge durften an diesem Streik natürlich nicht teilnehmen. Sie blieben in der Werkstätte. Nach zwei Wochen wurde die

600.000 Arbeitslose in den Jahren der Wirtschaftskrise

Arbeit wieder aufgenommen, der Streik endete mit einem Kompromiß.
Die damalige politische Lage in Österreich begann sich auch auf die Situation im Betrieb auszuwirken. Es gab damals drei Gewerkschaften im Industriebereich: die „Freie Gewerkschaft" der Sozialdemokraten, die Christlichen Gewerkschaften und die sogenannte „unabhängige" Gewerkschaft der damaligen Heimwehr. Im Betrieb nistete sich mit Unterstützung der Betriebsleitung eine Zelle der „Heimwehrgewerkschaft" ein. Eine Folge davon war, daß bei Abbaumaßnahmen, bei Kündigungen, stets nur die freien Gewerkschafter betroffen wurden. Die Mehrheit der freien Gewerkschafter im Betriebsrat schrumpfte auf diese Art immer mehr zusammen.
Im Mai 1930 war Anton Benya ausgelernt, und nach Ablauf der dreimonatigen Behaltefrist wurde er gekündigt und mußte den Betrieb verlassen. Auch er hatte sich damals in das Heer der Arbeitslosen einzureihen, die sich in langen Schlangen anstellen mußten, um ihre Arbeitslosenunterstützung zu beheben, falls sie nicht überhaupt schon „ausgesteuert" waren, das heißt, keine Arbeitslosenunterstützung mehr erhielten.
Doch Anton Benya hatte Glück. Nach einigen Monaten der Arbeitslosigkeit wurde er durch die

Arbeitsvermittlung zu „Ingelen" vermittelt, einem Wiener Betrieb der Radioindustrie, wo er bis 1948, als er in den ÖGB berufen wurde, arbeitete.
Die Radioerzeugung war aber damals saisonbedingt, die Arbeit und die Beschäftigtenzahl nahm zwar jeweils im Herbst zu, sank aber um die Weihnachtszeit fast wieder auf den Nullpunkt. So wurde auch Anton Benya von der Wirtschaftskrise betroffen, bei deren Höhepunkt damals bis 600.000 Arbeitslose in Österreich gezählt wurden. Dieses ständige Auf und Ab – kurze Beschäftigungszeit, längere Arbeitslosigkeit – besserte sich erst, als Benya zur Stammbelegschaft des Betriebs zählte.
Im Dezember 1933 wurde er in den Betriebsrat gewählt. Seine erste Betriebsratskarte, die ihn ermächtigte, im Namen von „224 Arbeitspersonen" zu sprechen, hat er heute noch aufbewahrt. Unter bestimmten Voraussetzungen war es in der Ersten Republik möglich, schon mit 21 Jahren zum Betriebsrat gewählt zu werden, unter anderem dann, wenn ein entsprechend „reines" Leumundszeugnis der Polizei vorlag.
Ein paar Monate nach seiner Wahl zum Betriebsrat wäre sein politisches Leumundszeugnis nicht mehr so fleckenrein gewesen. Aber da gab es ja auch keine freien Betriebsräte mehr. Nach dem Februaraufstand der österreichischen Arbeiter wurde Anton Benya nämlich am 6. März 1934 bei einem illegalen Treffen von der Polizei verhaftet. Wegen seiner Zugehörigkeit zum Republikanischen Schutzbund, in dessen Reihen auch er in den Februartagen stand, machte er zum erstenmal Bekanntschaft mit Gefängnismauern. Im Februar 1937 saß er wegen „Betätigung für die Freie Gewerkschaft" zum zweitenmal hinter Gefängnisgittern. Zu einer Zusammenkunft zur Besprechung gemeinsamer Aktionen der Freien Gewerkschaften, der Revolutionären Sozialisten und der Kommunisten war als unerwünschter Partner die Polizei erschienen. Diesmal dauerte seine Haft einige Monate länger.
Trotz all der Misere der damaligen Zeit gab es

aber doch Episoden, an die er heute noch mit Schmunzeln zurückdenkt. Wenn man einmal gezwungen ist, das Leben von der Kehrseite her zu betrachten, so lernt man Menschen kennen, denen man sonst niemals begegnen würde. Als er damals, schon 25jährig, in eine weit überbelegte Zelle des Wiener Landesgerichts mit recht gemischten Gefühlen und zögernden Schritts trat, wurde er von einem der Insassen gleich gefragt, welcher „Konfession" er denn sei. Er antwortete wahrheitsgemäß: *„Römisch-katholisch."* – *„Blödsinn"*, sagte der Mann, *„warum bist denn da? – Was? Politisch? Hörts, da is schon wieder so ein Politischer! Na, so blöd muaß ma sein!"* Dazu meint Anton Benya heute:

„Solche Bemerkungen mußte man auf sich nehmen, wenn man sich bemühte, ein autoritäres System zu ändern, um damit wieder eine demokratische Staatsform zu erreichen und die Lebensbedingungen der Menschen zu verbessern.

Nach schweren Jahren des autoritären und faschistischen Systems ist dies auch gelungen. Sich um gewerkschaftliche und politische Belange zu kümmern, sei daher ein stets gültiger Appell."

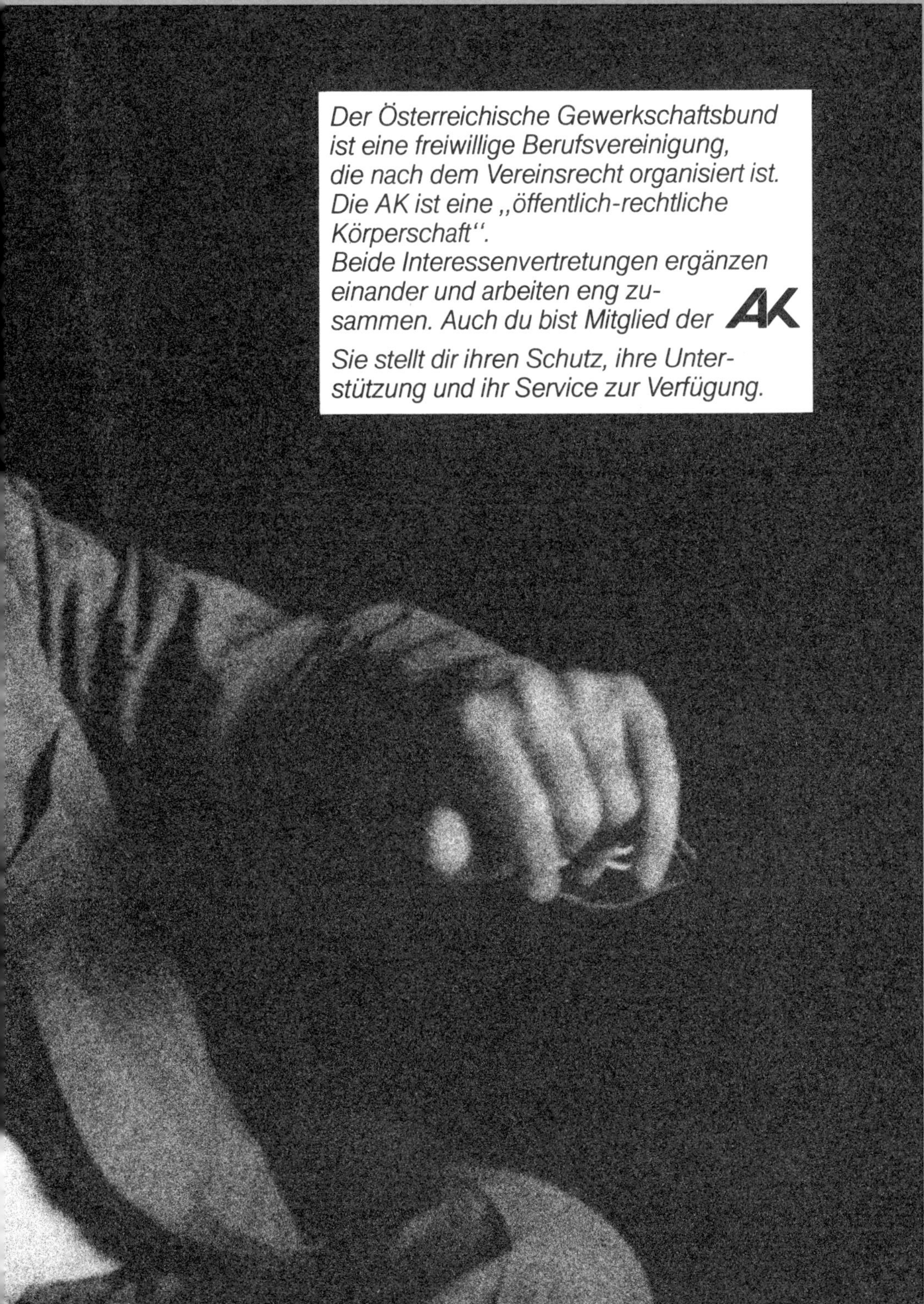
Der Österreichische Gewerkschaftsbund
ist eine freiwillige Berufsvereinigung,
die nach dem Vereinsrecht organisiert ist.
Die AK ist eine „öffentlich-rechtliche
Körperschaft".
Beide Interessenvertretungen ergänzen
einander und arbeiten eng zu-
sammen. Auch du bist Mitglied der AK
Sie stellt dir ihren Schutz, ihre Unter-
stützung und ihr Service zur Verfügung.

Alfred Ströer, Werkzeugmacher-lehrling

Am 3. Dezember 1920 wurde Alfred Ströer in Wien geboren. Sein Vater war Maurer, später Aufseher im städtischen Gaswerk (und auch Zugsführer des „Republikanischen Schutzbundes“). 1935, nach dem vierten Hauptschuljahr in Simmering, stellte sich auch für Alfred Ströer die Frage, welchen Beruf er wählen sollte und vor allem auch, in welchem Betrieb er die Möglichkeit finden würde, einen Lehrberuf zu ergreifen. Eine Lehre war damals für ihn schon „programmiert“, weil in seiner Familie (es gab zwei Kinder) der Bruder schon „studierte“, wie man damals sagte, das heißt, er ging aufs Gymnasium und war ein sehr erfolgreicher Schüler. Da er auch eine handwerkliche Begabung hatte, stand für Alfred immer fest, daß er einen handwerklichen Beruf, und zwar im Metallgewerbe, erlernen werde. Damals gab es in der Nähe seines Wohnortes drei interessante Betriebe: die österreichischen Saurerwerke, die Simmeringer Waggonfabrik und Siemens & Halske im dritten Wiener

Gemeindebezirk. Von diesen Betrieben war bekannt, daß dort Lehrwerkstätten vorhanden waren, die eine gute Berufsausbildung garantierten. Mit Hilfe seines Klassenvorstands – auch damals kam man leichter mit Protektion unter – wurde er mit einem Herrn der Simmeringer Waggonfabrik bekanntgemacht, der dafür sorgte, daß er im Oktober 1935 in der Lehrwerkstätte dieses Betriebs anfangen konnte.

Ursprünglich hatte man ihm empfohlen, er solle Dreher werden. Er hatte wenig Ahnung von diesem Beruf, aber „instinktiv" sagte er nein. Wenn schon, dann wolle er lieber Werkzeugschlosser oder Werkzeugmacher werden. Über diesen Beruf hatte er schon mehr Vorstellungen, und schließlich hatte man seinem Wunsch entsprochen. Bei der Berufsberatung im Arbeitsamt mußte er sich einer „psychotechnischen Eignungsprüfung" unterziehen. Diese Prüfung war eine der Voraussetzungen, um in die Fabrik aufgenommen zu werden.

An seinen ersten Lehrtag kann sich Alfred Ströer noch genau erinnern. Seine Eltern hatten für einen Arbeitsanzug gesorgt. Seine erste Aufgabe in der Lehrwerkstätte war die Herstellung eines Würfels. Das heißt, er mußte feilen, wochenlang feilen. Je größer der Würfel war, desto besser war die Arbeit. Die Arbeit mußte nämlich sehr exakt ausgeführt werden, und wenn eine Fläche des Würfels um Bruchteile eines Millimeters zu klein war, dann mußte man auch die anderen Flächen nacharbeiten. So konnte es passieren, daß dieser Würfel immer kleiner wurde.

Dann wurde er mit anderen Bohrarbeiten betraut, er lernte Gewindeschneiden und die Arbeit an der Hobelmaschine.

Die großen Betriebe haben damals ihre Facharbeiter alle selbst ausgebildet. Deswegen war die Ausbildung auch sehr gut. Wenn man dort eine Lehrstelle bekam, bedeutete das im allgemeinen auch, daß man dort bleiben konnte. Deswegen war auch die Nachfrage recht groß,

und es war eher schwierig, in so einem Betrieb unterzukommen. Und im Jahr 1935 stand es eher schlecht um die Lehrstellen.
In der Lehrwerkstätte waren damals 14 Lehrlinge im ersten Lehrjahr beschäftigt. Die Lehrlingsentschädigung betrug fünf Schilling pro Woche im ersten Lehrjahr, und jedes Halbjahr kamen zwei Schilling pro Woche dazu. Alfred Ströer erinnert sich, daß damals eine Wochenkarte der Straßenbahn 1,40 Schilling kostete. Er selbst brauchte sie aber nicht, weil er mit dem Fahrrad zur Arbeit fuhr.
Die Wochenarbeitszeit betrug damals 48 Stunden. An Samstagen, auch Karsamstag und Pfingstsamstag, wurde bis 13 Uhr gearbeitet. Urlaub gab es natürlich nur zwei Wochen. Aber Alfred Ströer erinnert sich, daß er einmal in einem Jugenderholungsheim, in Fischau, einen vierwöchigen Erholungsurlaub verbringen durfte.
Natürlich wurde damals auch ein Lehrvertrag abgeschlossen. Für Industrielehrlinge wurde der Lehrvertrag damals am zuständigen magistratischen Bezirksamt abgeschlossen. Unterschreiben, erinnert sich Alfred Ströer, mußte der Vater.
Berufsschule war einmal in der Woche, für ihn am Mittwoch. Im dritten Lehrjahr gab es dann in der Mollardschule auch einen halben Tag Werkstättenunterricht. Für die Lehrlinge aus den Industriebetrieben war das damals aber weniger interessant, weil sie in ihren Betrieben oft bessere Maschinen hatten, als sie in der Berufsschule vorhanden waren. Für die Lehrlinge aus den Gewerbebetrieben war dieser Werkstatt-Tag aber wichtig, weil dies für sie die einzige Möglichkeit war, halbwegs moderne metallbearbeitende Maschinen kennenzulernen. Für Alfred und seine Freunde war der Berufsschultag ein eher unbeliebter Tag – sie wären lieber im Betrieb geblieben. Das hatte mehrere Gründe: beim Werkstättenunterricht konnten sie nicht sehr viel profitieren, und die Berufsschule hat länger gedauert als die tägliche Arbeitszeit. Das alles war weniger interessant als ein Tag mit Freunden und Kollegen im Betrieb.

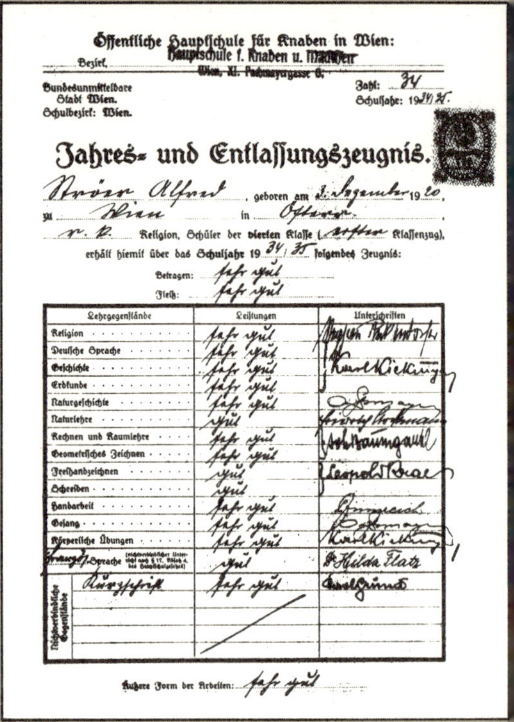
Öffentliche Hauptschule für Knaben in Wien:
Hauptschule f. Knaben u. Mädchen
Bezirk, Wien, XI. Fuchsmayergasse 6.

Bundesunmittelbare Stadt Wien.
Schulbezirk: Wien.

Zahl: 34
Schuljahr: 1934/35.

Jahres- und Entlassungszeugnis.

Ströer Alfred, geboren am 3. Dezember 1920,
zu Wien in Österr.,
r. k. Religion, Schüler der vierten Klasse (ersten Klassenzug),
erhält hiemit über das Schuljahr 1934/35 folgendes Zeugnis:

Betragen: sehr gut
Fleiß: sehr gut

Lehrgegenstände	Leistungen	Unterschriften
Religion	sehr gut	[illegible]
Deutsche Sprache	sehr gut	[illegible]
Geschichte	sehr gut	[illegible]
Erdkunde	sehr gut	
Naturgeschichte	sehr gut	[illegible]
Naturlehre	gut	[illegible]
Rechnen und Raumlehre	sehr gut	[illegible]
Geometrisches Zeichnen	sehr gut	
Freihandzeichnen	gut	Leopold [illegible]
Schreiben	gut	
Handarbeit	sehr gut	[illegible]
Gesang	sehr gut	[illegible]
Körperliche Übungen	sehr gut	[illegible]
Französische Sprache (nichtverbindlicher Unterricht nach § 17, Absatz 4, des Hauptschulgesetzes)	gut	Dr. Hilda Flatz
Nichtverbindliche Gegenstände: Kurzschrift	sehr gut	[illegible]

Äußere Form der Arbeiten: sehr gut

1937

Bewährungsdivision 999

Bald, schon im 35er Jahr, kam Alfred Ströer in eine gewerkschaftliche Jugendgruppe der damaligen „Einheitsgewerkschaft". Er fand dort aber nur Freunde und Kollegen aus der früheren Jugendbewegung, von den „Roten Falken", der „Sozialistischen Jugend", den „Kinderfreunden" und den „Arbeiterturnern". Er selbst war bei den Arbeiterturnern und den Kinderfreunden besonders aktiv gewesen. *„Damals haben wir alte, bewährte Betriebsräte*

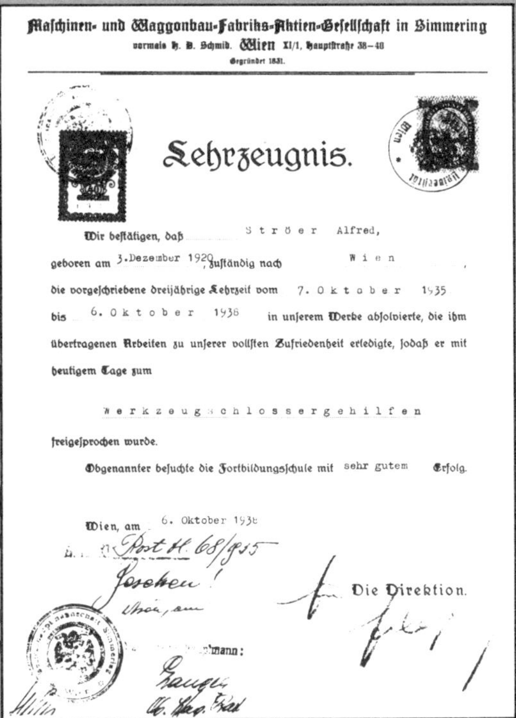

Maschinen- und Waggonbau-Fabriks-Aktien-Gesellschaft in Simmering
vormals H. D. Schmid. Wien XI/1, Hauptstraße 38–40
Gegründet 1831.

Lehrzeugnis.

Wir bestätigen, daß Ströer Alfred,
geboren am 3. Dezember 1920, zuständig nach Wien
die vorgeschriebene dreijährige Lehrzeit vom 7. Oktober 1935
bis 6. Oktober 1938 in unserem Werke absolvierte, die ihm übertragenen Arbeiten zu unserer vollsten Zufriedenheit erledigte, sodaß er mit heutigem Tage zum
Werkzeugschlossergehilfen
freigesprochen wurde.
Obgenannter besuchte die Fortbildungsschule mit sehr gutem Erfolg.

Wien, am 6. Oktober 1938

Prot. H. 68/935

Die Direktion.

aus der Zeit der Freien Gewerkschaften eingeladen als Vortragende", erinnert sich Alfred Ströer. *„Soweit sie nicht gerade in Haft waren, sind sie auch gekommen und haben mit uns Jungen diskutiert."*

Aus dem Betrieb selbst kann er sich an keinen Betriebsrat erinnern. Jugendvertrauensrat hatten sie damals auch keinen. Aber damals gab es ja nur die vom Staat geduldete „Einheitsgewerkschaft". Einmal sollten die Lehrlinge im Betrieb strafweise länger arbeiten. Irgend jemand hat dann den zuständigen Jugendsekretär angerufen, der ein führender Funktionär der Einheitsgewerkschaft war. *„Es war uns peinlich, und wir haben uns eigentlich geniert, wie ausgerechnet dieser Funktionär gleich im Betrieb aufgekreuzt ist, um mit den Vorgesetzten zu reden."*

In der Jugendgruppe in Simmering war ein älterer Kollege von den „Erwachsenen" bei den Gruppenabenden immer als sogenannter „Jugendbeirat" mit dabei. Um etwa 21 Uhr wurde der Heimabend immer beendet. Die Tür wurde von außen versperrt und der Schlüssel durch die Oberlichte hineingeworfen, nachdem man zuerst noch schön brav das Licht abgedreht hatte. Das war mit dem Hausbesorger so abgesprochen, der durch eine andere Tür am nächsten Morgen die Räumlichkeiten betrat, um sauberzumachen. Die Lehrlinge begleiteten den Jugendreferenten meist noch zur Straßenbahn und verabschiedeten sich dort von ihm. Dann gingen sie aber alle wieder zu dem Heimlokal zurück, und ein Lehrling, der sich dort in einem Winkel versteckt hatte, sperrte von innen wieder auf. Jetzt konnten sie erst „ihren" eigenen

Im Lazarett, Rhodos, 1943

Rhodos, 1943

Heimabend veranstalten. Meist haben sie auf diese Weise noch eine bis eineinhalb Stunden angehängt.
Ausgelernt war Alfred Ströer im Jahr 1938. Er wurde aber noch weiter in der Lehrwerkstätte beschäftigt. Das war damals so üblich, daß ein oder zwei gerade ausgelernte Gesellen in der Lehrwerkstätte blieben, als sogenannte „Altbuam", um die anderen Lehrlinge in ihrer Tätigkeit einzuweisen.
Noch vor dem Anschluß Österreichs an Hitlerdeutschland war der Jugendobmann der Simmeringer Gewerkschaftsgruppe wegen illegaler Betätigung für die Arbeiterbewegung inhaftiert worden. Für die damaligen Lehrlinge, erinnert sich Alfred Ströer, war dieser Jugendobmann ein Held. Alfred hatte ihn während der Sprechstunden im Landesgericht besucht. Er war einige Wochen inhaftiert und wurde dann wieder freigelassen.
Inzwischen war im Werk schon die Umstellung auf den Rüstungsbetrieb zu bemerken. Die Simmering-Graz-Pauker-Werke wurden mit der Granatenherstellung beauftragt. Die illegale Jugendgruppe führte in Simmering eine Flugzettelaktion durch, in der zum Widerstand gegen die Nazis aufgerufen wurde. Die Gruppe war durch längere Zeit schon von der Gestapo beobachtet worden. Hitlerjugendliche und spätere SS-Männer hatten sie an die geheime Staatspolizei verraten. Auch Alfred Ströer war unter den Verhafteten. Siebeneinhalb Monate verbrachte Ströer im Polizeigefangenenhaus Roßauer Lände, dem Gefängnis der Gestapo. Später wurde er als Volksgerichtshofhäftling in das Landesgericht Wien und Wiener Neustadt überstellt. Schließlich wurde er wegen Vorbereitung zum Hochverrat verurteilt und gleichzeitig auch als „wehrunwürdig" eingestuft, das heißt, er wurde aus der faschistischen deutschen Wehrmacht ausgeschlossen. Im Dezember 1942 mußte Ströer zur Bewährungsdivision 999 einrücken. In dieser berüchtigten Einheit wurden Politische, sogenannte Staatsfeinde, aber auch kriminelle Verbrecher eingesetzt. Die Politischen fanden sich schnell und bildeten eine verschworene Gemeinschaft. Man mißtraute den Soldaten dieser Truppe, und deswegen wurde sie auch nicht im Kampf eingesetzt, sondern zum Minenräumen und ähnlichen Arbeiten.
Auf der Insel Rhodos wurden die Angehörigen dieser Division im Mai 1945 von den Engländern gefangengenommen. Die faschistischen Offiziere hatten nicht den Mut gehabt, ihren

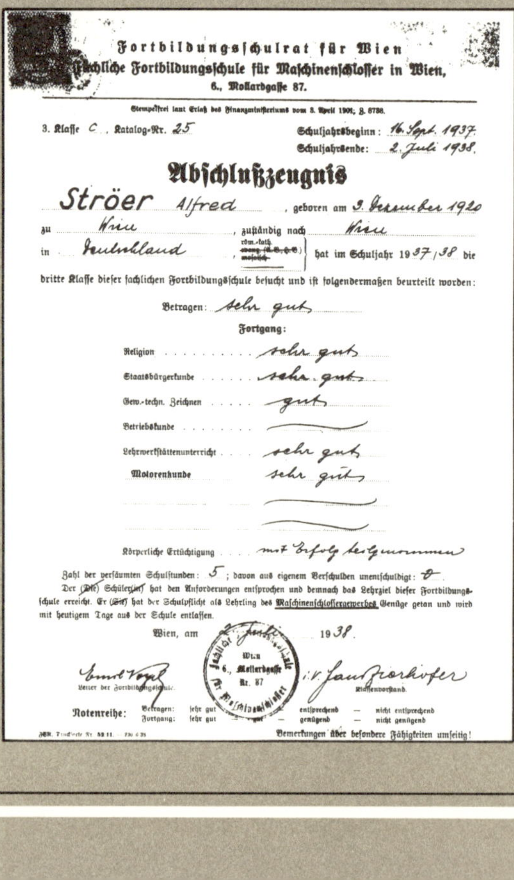
Fortbildungsschulrat für Wien
Fachliche Fortbildungsschule für Maschinenschlosser in Wien,
6., Mollardgasse 87.

Stempelfrei laut Erlaß des Finanzministeriums vom 8. April 1901, Z. 8788.

3. Klasse C, Katalog-Nr. 25
Schuljahrsbeginn: 16. Sept. 1937
Schuljahrsende: 2. Juli 1938.

Abschlußzeugnis

Ströer Alfred, geboren am 3. Dezember 1920
zu Wien, zuständig nach Wien
in Deutschland, röm.-kath. ~~evang. (A. B., H. B.) mosaisch~~ hat im Schuljahr 1937/38 die dritte Klasse dieser fachlichen Fortbildungsschule besucht und ist folgendermaßen beurteilt worden:

Betragen: sehr gut

Fortgang:

Religion . . . . . sehr gut
Staatsbürgerkunde . . . . . sehr gut
Gew.-techn. Zeichnen . . . . . gut
Betriebskunde . . . . . —
Lehrwerkstättenunterricht . . . . . sehr gut
Motorenkunde . . . . . sehr gut
—
—
Körperliche Ertüchtigung . . . mit Erfolg teilgenommen

Zahl der versäumten Schulstunden: 5; davon aus eigenem Verschulden unentschuldigt: 0.
Der ~~(Die)~~ Schüler ~~(in)~~ hat den Anforderungen entsprochen und demnach das Lehrziel dieser Fortbildungsschule erreicht. Er ~~(Sie)~~ hat der Schulpflicht als Lehrling des Maschinenschlossergewerbes Genüge getan und wird mit heutigem Tage aus der Schule entlassen.

Wien, am [illegible] 1938.

Fachliche Fortbildungsschule für Maschinenschlosser Wien 6., Mollardgasse Nr. 87

Emil Vogl
Leiter der Fortbildungsschule.

i. V. Hans Zierhofer
Klassenvorstand.

Notenreihe: Betragen: sehr gut — [illegible] — entsprechend — nicht entsprechend
Fortgang: sehr gut — gut — genügend — nicht genügend

[illegible]

Bemerkungen über besondere Fähigkeiten umseitig!

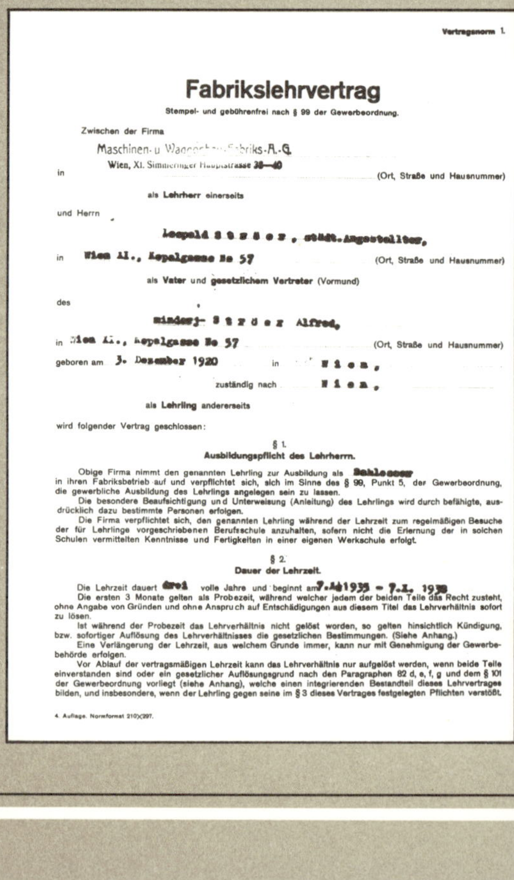
Vertragsnorm 1.

Fabrikslehrvertrag

Stempel- und gebührenfrei nach § 99 der Gewerbeordnung.

Zwischen der Firma
Maschinen- u Waggonbau-Fabriks-A.-G.
in Wien, XI. Simmeringer Hauptstrasse 38—40 (Ort, Straße und Hausnummer)
als Lehrherr einerseits
und Herrn
Leopold Ströer, städt. Angestellter,
in Wien XI., Kopalgasse Nr 57 (Ort, Straße und Hausnummer)
als Vater und gesetzlichem Vertreter (Vormund)
des
minderj. Ströer Alfred,
in Wien XI., Kopalgasse Nr 57 (Ort, Straße und Hausnummer)
geboren am 3. Dezember 1920 in Wien,
zuständig nach Wien,
als Lehrling andererseits
wird folgender Vertrag geschlossen:

§ 1.
Ausbildungspflicht des Lehrherrn.

Obige Firma nimmt den genannten Lehrling zur Ausbildung als Schlosser in ihren Fabriksbetrieb auf und verpflichtet sich, sich im Sinne des § 99, Punkt 5, der Gewerbeordnung, die gewerbliche Ausbildung des Lehrlings angelegen sein zu lassen.
Die besondere Beaufsichtigung und Unterweisung (Anleitung) des Lehrlings wird durch befähigte, ausdrücklich dazu bestimmte Personen erfolgen.
Die Firma verpflichtet sich, den genannten Lehrling während der Lehrzeit zum regelmäßigen Besuche der für Lehrlinge vorgeschriebenen Berufsschule anzuhalten, sofern nicht die Erlernung der in solchen Schulen vermittelten Kenntnisse und Fertigkeiten in einer eigenen Werkschule erfolgt.

§ 2.
Dauer der Lehrzeit.

Die Lehrzeit dauert drei volle Jahre und beginnt am 7.1.1935 – 7.1. 1938
Die ersten 3 Monate gelten als Probezeit, während welcher jedem der beiden Teile das Recht zusteht, ohne Angabe von Gründen und ohne Anspruch auf Entschädigungen aus diesem Titel das Lehrverhältnis sofort zu lösen.
Ist während der Probezeit das Lehrverhältnis nicht gelöst worden, so gelten hinsichtlich Kündigung, bzw. sofortiger Auflösung des Lehrverhältnisses die gesetzlichen Bestimmungen. (Siehe Anhang.)
Eine Verlängerung der Lehrzeit, aus welchem Grunde immer, kann nur mit Genehmigung der Gewerbebehörde erfolgen.
Vor Ablauf der vertragsmäßigen Lehrzeit kann das Lehrverhältnis nur aufgelöst werden, wenn beide Teile einverstanden sind oder ein gesetzlicher Auflösungsgrund nach den Paragraphen 82 d, e, f, g und dem § 101 der Gewerbeordnung vorliegt (siehe Anhang), welche einen integrierenden Bestandteil dieses Lehrvertrages bilden, und insbesondere, wenn der Lehrling gegen seine im § 3 dieses Vertrages festgelegten Pflichten verstößt.

4. Auflage. Normformat 210×297.

Oberlandesgericht Wien.

OJs 172/39

Wien, den 22.Februar 1940.

Hochverratssache !
Haftsache !

In der Strafsache gegen Leo H ü b n e r, Leopold L e h n e r, Wilhelm U m g e h e r , Walter S c h i l d , Alfred S t r ö e r, Otto St e p a n e k , Karl G r i s s i n g e r , Leopold S c h l e i n i n g , Johann F r a n z, Karl S c h m i d t, und Leopold S t r a c h o n wegen Verbrechens gegen § 83 Abs. 2 und Abs. 3 Z. 1 und 3, § 47 RStGB. wird gemäss Art. IV § 5 (2) des Gesetzes vom 24.4.1934, RGBl.I S. 341, die Hauptverhandlung angeordnet und gemäss derselben Gesetzesstelle und § 112 Abs. 2 Ziff. 1 StPO. die Fortdauer der über die Angeklagten Leo Hübner, Wilhelm Umgeher, Walter Schild, Karl Grissinger und Leopold Schleining verhängten Untersuchungshaft beschlossen.

Hiedurch erscheint auch das Enthaftungsgesuch des Angeklagten [illegible]

Zugleich werden den Angeklagten, die noch keinen Verteidiger bestellt haben, Verteidiger bestellt und zwar den Angeklagten Hübner, Lehner, Umgeher, Schild und Schleining, Herr Dr.Hans Kellner, RA in Wien 1., Babenbergerstrasse 1, und den Angeklagten Ströer, Stepanek, Grissinger, Franz, Schmidt und Strachon Herr Dr.Ludwig Mattausch, RA in Wien 1., Wallfischgasse 6.

Dr. E n g e l l.
Beglaubigt.
Wien, den 23.Februar 1940.
Der Urkundsbeamte der
Geschäftsstelle:
Friedrich
Justiz-Inspektor.

letzten Befehl auch auszuführen: sie sollten die Division niedermachen, die Antifaschisten sollten den Niedergang des Naziregimes nicht überleben. Alfred Ströer war in britischer Kriegsgefangenschaft, zuerst auf Rhodos, später in Ägypten. Im Dezember 1946 kehrte er aus der Gefangenschaft heim. Schon im Jänner 1947 trat er in den ÖGB ein. Er wurde Gruppenleiter im Jugenderholungsheim Raach, dann in Frankenmarkt. Monate später wurde er Jugendsekretär der Landesexekutive Niederösterreich des ÖGB. 1953 bis 1959 war Alfred Ströer Jugendsekretär des ÖGB. Seit 1959 ist er Leitender Sekretär des ÖGB und Mitglied des ÖGB-Präsidiums.
1964 legte er die Berufsreifeprüfung ab und

Österr. Gewerkschaftsbund
Gewerkschaft der Angestellten
in der Privatwirtschaft
Wien, I. Deutschmeisterplatz 2

Sektion Handel

I Mitglieds-Karte
Nr. 136731

Name: Ströer Alfred

Geburtsdaten: 3. 12. 20

Art der Stellung Gruppenleiter

Eingetreten am: 1. 1. 47

Unterschrift des Mitgliedes

Kurs der Bau- und Holzarbeiter, 1949

Eröffnung des Jugendheims Goisern

studierte einige Semester Staatswissenschaften. Im Jahre 1966 wurde Ströer in den Nationalrat berufen, dem er bis 1972 angehörte. Sein Mandat legte er wegen der Bestellung zum Vorsitzenden des Vorstands der Bank für Arbeit und Wirtschaft nieder. Neun Jahre später wurde er zum Vorsitzenden des Aufsichtsrats der BAWAG gewählt.

Seit vielen Jahren ist Alfred Ströer Mitglied des Exekutivausschusses des Internationalen Bundes Freier Gewerkschaften und Vizepräsident des Europäischen Gewerkschaftsbundes. Ehrenamtlich ist er in zahlreichen Funktionen tätig. Unter anderem ist er Präsident der Österreichischen Liga für Menschenrechte.

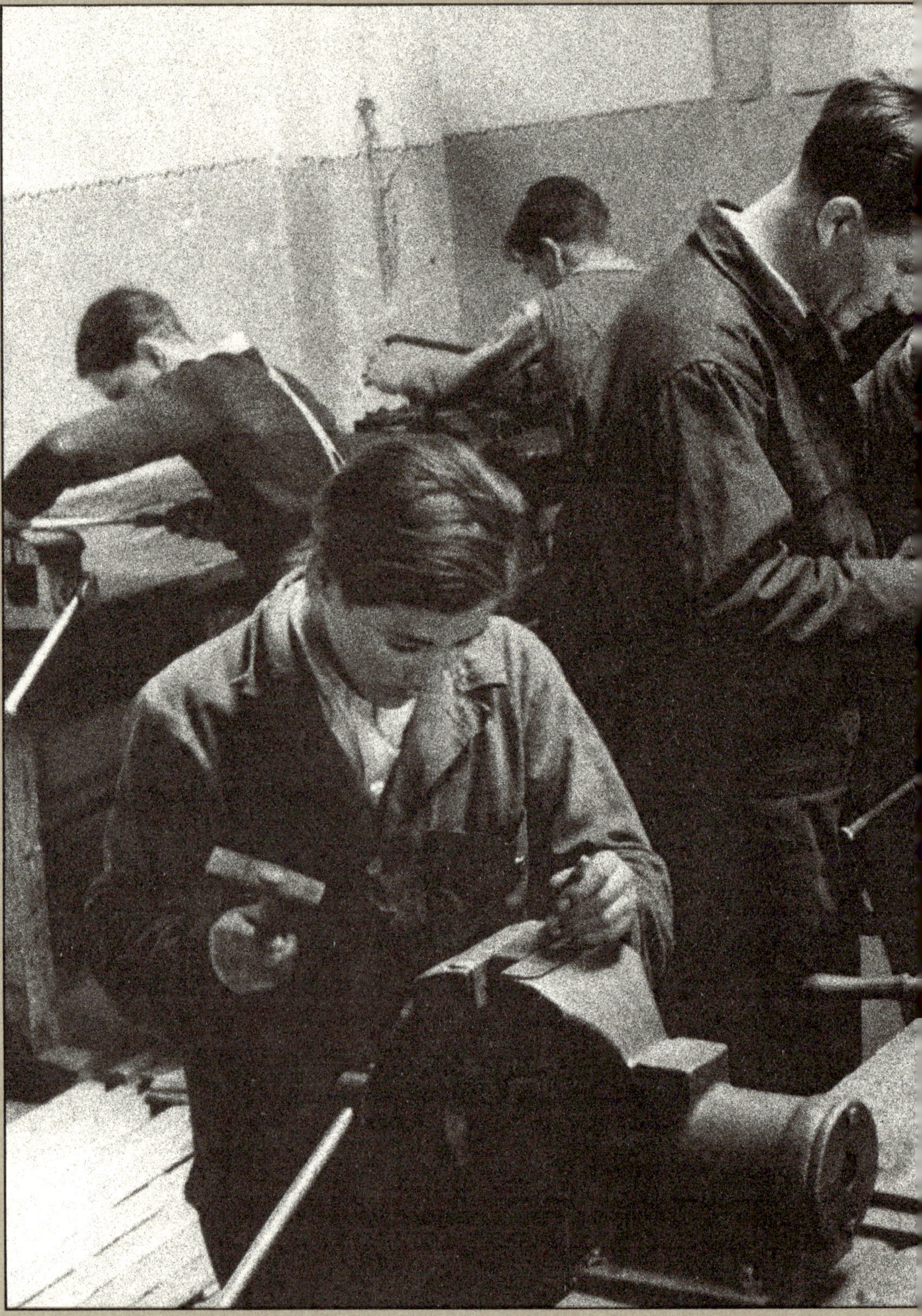

Früher war die Technisierung und Automation der Arbeitswelt noch nicht so weit vorgeschritten wie heute. Nur eine umfassende berufliche Ausbildung kann heute Chancengleichheit und berufliche Mobilität gewährleisten.

Alfred Dallinger, Drogistenlehrling

Alfred Dallinger ist am 7. November 1926 in Wien geboren. Sein Vater war Straßenbahner. Die Volks- und Hauptschule besuchte er von 1932 bis 1940 in Wien.
Frage: „Wie kam es damals zu der Entscheidung für diesen Lehrberuf?"
Dallinger: „Ich bin mit dreizehndreiviertel Jahren in die ‚Heilmittelstelle' eingetreten, das war ein chemisch-pharmazeutischer Betrieb am Rennweg in Wien, der jetzt allerdings nicht mehr dort existiert. Ich kann sagen wie Qualtinger, nicht: ‚Wenn mich das Reisebüro nicht vermittelt hätte . . .', sondern: ‚Wenn mich das Arbeitsamt nicht vermittelt hätte . . .'
Ich wollte eigentlich den Beruf eines Bürokaufmanns erlernen und bin dann zu meinem späteren Entsetzen in diesen chemisch-pharmazeutischen Betrieb als Drogistenlehrling vermittelt worden. Nach den ersten drei, vier Wochen war ich eigentlich entschlossen, von dort wieder wegzugehen. Aber da haben mich die Kollegen, und auch die Vorgesetzten, überredet, zu bleiben, und auch meine Eltern haben mir zugeredet. Ich bin geblieben und war dann später sehr froh darüber. Aber mein ursprüngliches Berufsziel war, in eine Bank zu kommen und dann später Bankdirektor zu werden . . ."
Frage: „Wie war das damals am ersten Lehrtag?"
Dallinger: „Das war furchtbar enttäuschend für mich, weil ich damit beschäftigt wurde, Wäschekörbe mit verschiedenen Produkten zu tragen. Für mich war das einer der enttäuschendsten Tage meines Lebens. Später hat sich das aber gebessert . . . Man muß sich nur immer wieder in Erinnerung rufen, daß ich am 1. August 1940 zu lernen begonnen habe, also elf Monate nach Ausbruch des Zweiten Weltkriegs. Österreich war von der Landkarte verschwunden. Wir hatten die nationalsozialistische Herrschaft. Ich bin aus einer sozialistischen Familie gekommen. Mein Lehrbetrieb war der erste gemeinwirtschaftliche Betrieb in Österreich in der Ersten Republik – also eine dem sozialistischen Denken nahestehende Einrichtung. Da hat es eine ganz starke sozialdemokratische Gruppierung gegeben, der ich mich sehr bald angeschlossen habe. Damals haben wir versucht, im Betrieb manche Dinge zu verhindern, die zugunsten des Naziregimes gewesen wären. Vergleiche mit heute sind daher nicht möglich. Wenn wir zurückhaltend gewesen sind in unserer Arbeitsleistung, wenn wir versucht haben, manches in eine andere Richtung zu beeinflussen, dann war das bis zu einem gewissen Grad ein indirekter politischer Akt. In der heutigen Zeit ist das überhaupt nicht denkbar."
Frage: „Wie hat diese ‚Beeinflussung' ausgesehen?"
Dallinger: „Man ist nicht allzu sorgsam umgegangen mit den Dingen. Verschiedenes wurde gemacht, um Verbesserungen eher zu verhindern anstatt sie zu fördern. Die Tendenz in diesem Betrieb aufgrund der politischen Einstellung der Belegschaft war ganz anders, als sie in anderen Betrieben damals anzutreffen war."
Frage: „Wie war das Verhalten der Kollegen?"
Dallinger: „Die Vorgangsweise in diesem Betrieb war atypisch für die damalige Zeit. Während in anderen Betrieben das Naziregime glorifiziert wurde und man das besonders herausgestrichen hat, war dort eher eine Tendenz zum Unterspielen. Natürlich hat es auch dort Nazifunktionäre gegeben, die diese Aufgabe erfüllen wollten. Sie wurden aber gebremst durch das Wissen, daß eine Belegschaft da ist, die mehrheitlich nicht in diese Richtung tendiert."
Frage: „Wie war das damals mit dem Lehrvertrag und der Lehrlingsentschädigung?"
Dallinger: „So wie heute hat es damals einen Lehrvertrag gegeben, der in der Handelskammer am Stubenring abgeschlossen worden ist. Und natürlich auch eine Lehrlingsentschädigung. Bei mir war das nur so, daß ich nicht ganz drei Jahre gelernt habe, obwohl der Drogistenberuf ja die kaufmännische Ausbildung umfaßt und auch die Fachausbildung zum Drogisten. Es waren auch zwei Prüfungen notwendig. Nach zwei Jahren hat man die Kaufmanns-

Als Drogist anerkannt.
Wien 22. 12. [illegible]

Lehrvertrag
eingesehen
4. FEB. 1941
A. O. K. Wien
Sekt. Ang. (Stdig.)

Eingetragen in die Lehrlingsrolle der Industrie- u. Handelskammer in Wien

unter Nr. .... [illegible]

Wien, am .... 9. Sep. 1940

Industrie- u. Handelskammer in Wien

Industrie- und Handelskammer in Wien

Lehrvertrag

für kaufmännische Lehrlinge

Zwischen .... Oesterreichische Heilmittelstelle Gesellschaft m. b. H.

in (genaue Anschrift) .... Wien 10., Rennweg

Wirtschaftsgruppe .... Gross-Ein- u. Ausfuhrhandel

Fachgruppe .... Pharmazeutika

Fachuntergruppe .... —

und dem kaufmännischen Lehrling .... Alfred Dallinger

geboren am .... 7. November 1926 .... in .... Wien

gesetzlich vertreten durch seinen Vater — ~~Mutter~~ — Vo~~rmund~~

.... Karl Dallinger

in (genaue Anschrift) .... Wien XV. Linke-Wienzeile 272

ist heute nachstehender Lehrvertrag geschlossen worden:

K—Lehrvertrag Nr. 2, A 4, 20.000/4, II. 40. Ost.

— 1 —

gehilfenprüfung abgelegt und im dritten Jahr dann die Drogistenfachprüfung. Aufgrund der Kriegsereignisse hat meine Lehrzeit insgesamt nur zweidreiviertel Jahre betragen. Wir waren schon im April 1943 mit der Ausbildung fertig. Ich selber wurde dann im Oktober 1943 zum Militär einberufen und war in Italien und Jugoslawien eingesetzt."

Frage: „Wie waren die Verhältnisse in der Berufsschule?"

Dallinger: „Auch in der Berufsschule hatten wir damals eine etwas abweichende Situation. Erstens hatten wir einen ganzen Tag Berufsschule in diesem Berufszweig, zweitens wirkte sich der ständige Lehrerwechsel aus, weil viele unserer Lehrer zum Militärdienst einberufen wurden. Weiters hatten wir durch den Energiemangel sehr oft Ferien, ‚Kohleferien' und ähnliches. Und vom Lehrpersonal her hatten wir auch keine kontinuierliche Ausbildung. Zum Schluß hatten wir schon ganz junge Mädchen als Lehrerinnen, was für eine Berufsschule schon etwas eigenartig war, denn da sind die sechzehn-, siebzehnjährigen Lehrlinge einer zwanzigjährigen Lehrerin gegenübergestanden. Für diese Lehrerinnen war das nicht ganz leicht. Das war in der Drogistenschule in der Burggasse, die heute nicht mehr existiert."

Frage: „Wie stand es damals um die Freizeit?"

Dallinger: „Auch das muß man unter den nationalsozialistischen Kriterien sehen. Der Staatsjugend, der Hitlerjugend, bin ich nicht beigetreten. Das hat zu verschiedenen Schwierigkeiten geführt. Manchen Aktivitäten und Aktionen sollte man sich nämlich nicht entziehen. Aber wir haben uns – auch wieder atypisch – im Betrieb eine Jugendgruppe geschaffen, die allerdings nicht im nationalsozialistischen Sinne agierte, sondern aufgrund der alten Traditionen in der Arbeiterbewegung. Das war mehr oder weniger eine Art Tarneinrichtung. Wir machten gemeinsame Ausflüge. Auf den Zusammenkünften wurde diskutiert, wie es dann nachher, nach dem Ende des Nationalsozialismus, weitergehen sollte – auch im Betrieb. Wir wußten damals alle – in der Gruppe waren nur Burschen –, daß wir über kurz oder lang zum Militär einrücken mußten. Und wir wußten, was das hieß: ununterbrochen hörten wir die Meldungen, wie viele an den Fronten gefallen waren. Die Möglichkeit, daß wir nicht mehr allzulang am Leben sind, war eigentlich bestimmend für uns – so paradox das klingen mag. Deswegen versuchten wir, jenen Teil des Lebens, der uns

Wien, 1945, Energiemangel, Menschen beim Kohleeinsammeln

noch verblieben war, auch bewußt zu erleben."
Frage: „Hatten alle Kollegen diese kritische Einstellung zum Regime?"
Dallinger: „Wir haben zwei, drei andere dabeigehabt. Aber an sich war es doch so, daß alle in diese Richtung hin tendiert haben. Und diese Tendenz haben wir sehr gefördert."
Frage: „In welchem Rahmen fand das statt?"
Dallinger: „Das offizielle Dekor war eine ‚Betriebsgruppe der jungen Menschen in der Heilmittelstelle'. De facto wurde dort aber, wie gesagt, sehr kritisch zu den Zeitereignissen Stellung genommen. Wir haben auch herausgearbeitet, welche Möglichkeiten und Zielsetzungen in einer demokratischen Entwicklung vorhanden sind. Wir haben uns einerseits mit der Vergangenheit beschäftigt und anderseits viel mit der Zukunft nach dem Nationalsozialismus. Es war, wenn auch nicht im extremen Sinn, eine Art ‚Geheimbündelei'. Uns war klar, daß es tragische Konsequenzen geben würde, wenn unsere Aktivitäten den Regimefreunden bekannt würden. Mitte 1943 war es dann auch soweit. Es gab Verhaftungen. Zwar nicht von Jugendlichen, aber von den im Betrieb beschäftigten Sozialisten, die mehr oder weniger im Untergrund gearbeitet hatten, wurden viele verhaftet, und drei davon wurden dann auch hingerichtet."
Frage: „Gab es Mißtrauen in der Gruppe?"
Dallinger: „Nein! Wir haben da eigentlich ein sehr gutes Miteinander gehabt. Natürlich haben wir uns nicht nur politisch beschäftigt. Wir haben auch all den Unfug getrieben, den man in diesem Alter eben so treibt. Besonders deswegen, weil wir wußten, daß es in kurzer Zeit zu Ende sein wird und daß dann ein Ernst des Lebens beginnt, der heute für junge Menschen – zum Glück – nicht vorstellbar ist. Weil er ja unter Umständen mit dem Tod an der Front geendet hat."
Frage: „Gab es noch irgendwelche besonderen Vorfälle während der Lehrzeit?"
Dallinger: „In unserem jugendlichen Überschwang haben wir damals auch provoziert. Es war angeordnet, man solle bei der Begegnung mit ‚Heil Hitler' grüßen. Wenn uns dann ein Nazifunktionär so gegrüßt hat, haben wir immer konsequent mit ‚Guten Morgen' oder ‚Guten Tag' geantwortet. Wenn dann derjenige meinte, er müsse mit ‚Guten Morgen' grüßen, haben wir, um zu provozieren, strikte mit dem ‚Hitlergruß' geantwortet.
Während meiner Lehrzeit bin ich dreimal in die

Lehrlinge beim Unterricht

Parteizentrale der NSDAP für den 3. Bezirk auf dem Schwarzenbergplatz gerufen worden, und man hat mich dort verwarnt. Auch mein Vater wurde mehrmals hingerufen und wegen meiner Aktivitäten auch von der Gestapo verhört. Anderseits haben wir auch Scherze getrieben, die sich in großen Verlusten für die Firma ausgewirkt haben. So experimentierten wir zum Beispiel, wie viele Injektionsschachteln man auf einmal vom Boden zu dem auf der Leiter stehenden Kollegen hinaufbefördern kann. Wenn das Maximum erreicht war, konnte es passieren, daß alle herunterfielen und zerbrachen. Aber das sind lauter Dinge, die nicht in die heutige Zeit passen. Würden heute solche Sachen gemacht, würde ich das auf das schärfste verurteilen. Damals, vor dem ganz anderen Hintergrund, hatte das auch eine ganz andere Bedeutung."

Frage: „Gab es damals auch Konflikte mit den Kollegen im Betrieb?"

Dallinger: „In meinem Betrieb eigentlich nicht. Der war aber – ich sag' es noch einmal – atypisch, fiel aus der Norm. Dort war bei der Mehrzahl der Beschäftigten nicht nur der berufliche Zusammenhalt, sondern unterschwellig auch ein politischer. Aber natürlich gab es auch Außenseiter ... Ohrfeigen habe ich manchmal zumindest angedroht bekommen.

Der Generaldirektor ist um halb acht Uhr hinter dem Tor gestanden und hat jeden Zuspätkommenden ermahnt. Einmal, als ich vom Mittagessen kam, habe ich in einem Garten des Betriebs einen Apfel von einem Baum genommen. Weil die Ernte dieser Äpfel dem Generaldirektor zugestanden ist und ihm jemand hinterbracht hatte: ‚Der Dallinger hat einen Apfel gestohlen', mußte ich mich wegen ‚Apfeldiebstahls' beim Generaldirektor verantworten.

Der Generaldirektor war ein alter Offizier aus dem Ersten Weltkrieg, der aber doch starke Sympathien für die Nazis hatte, da er ja von ihnen in seine Funktion eingesetzt worden war. Oft hatten wir offiziellen ‚Besuch'. Dann wurden die obligaten weißen Mäntel ausgeteilt, die zu Dekorzwecken gerade an diesem Tag getragen wurden. Im Hof wurden alle unsere Autos aufgestellt, und auf ein Handzeichen unseres ‚Generals' wurden alle gleichzeitig gestartet, was irgendwie recht eindrucksvoll wirkte. Bei all diesen Besuchen hat er dann immer gesagt: ‚Und das ist unser Fuhrpark. Aber das sind natürlich nur die Autos, die jetzt hier sind. Die

anderen sind jetzt alle unterwegs . . .' In Wirklichkeit hatten wir nie mehr Autos gehabt.
Im Betrieb gab es auch einen Handaufzug, mit dem Flaschen mit Tinkturen aus dem Keller in das Parterre hinaufbefördert wurden. Wenn Besuch da war, mußte ein Mann die ganze Zeit nichts anderes machen als ununterbrochen diesen Handaufzug betätigen. Das schönste aber war, daß wir, wenn der Besuch wieder weg war, alle unsere weißen Mäntel wieder abgeben mußten – bis zum nächsten Besuch. Ich höre, ähnliche Dinge sollen gelegentlich auch heute noch vorkommen."

Frage: „Wie war das damals eigentlich mit der ‚Zwangsgewerkschaft', der ‚Deutschen Arbeitsfront'?"

Dallinger: „Ja, die ‚Deutsche Arbeitsfront' war Pflicht. Aber gerade weil wir damals in diesem Betrieb eine Jugendarbeit nicht im ‚staatlichen' Sinn hatten, habe ich gleich nach meiner Rückkehr aus der Kriegsgefangenschaft meine Tätigkeit wieder aufgenommen. Nach ein paar Tagen schon hatte ich Kontakt mit der Gewerkschaft der Privatangestellten und dem Kollegen Skritek. Unter meiner Patronanz wurde dort eine Betriebsgruppe der Gewerkschaft gegründet. Das war eigentlich der Beginn meiner gewerk-

schaftlichen Laufbahn. Ich hatte da eine Betriebsjugendgruppe in der Heilmittelstelle, dann habe ich auch eine Jugendgruppe der GPA im 16. Bezirk geleitet, dann wurde ich Wiener Obmann und Bundesobmann der GPA-Jugend und später auch Obmannstellvertreter wie auch Fraktionsobmann der sozialistischen Fraktion der gesamten Gewerkschaftsjugend. All die Funktionen, die ich später auf der Ebene der Erwachsenen innehatte, habe ich in den ersten Stadien nach dem Krieg auf der Ebene der Jugend ausgeübt. Damals allerdings stand die Jugendarbeit unter ganz anderen Voraussetzungen als heute. Wir waren ja am Neuaufbau, am Neubeginn, und wir waren alle ‚unheimlich' motiviert."

Frage: „Ratschläge für die heutigen Lehrlinge?"

Dallinger: „Eigentlich kann und soll man keine Ratschläge geben. Jede Zeit hat eine andere Jugend, jede Jugend hat andere Gegebenheiten und Möglichkeiten. Es klingt jetzt sehr oberlehrerhaft, aber ich bin der Meinung, man sollte sich – ohne auf die Freuden des Lebens zu verzichten – doch der beruflichen Ausbildung widmen. Ich glaube, daß die Zukunft sehr viel auf diesem Gebiet verlangen wird. Sosehr dies auch schulmeisterhaft klingen mag: Man lernt nie aus, das Leben ist ein ununterbrochener Prozeß des Lernens. Je eher man das erkennt, um so früher wird man im Leben Erfolg haben. Voraussetzung ist auch eine Situation, in der offen über die Dinge gesprochen werden kann, wo man ungehemmt von Furcht und von äußeren Einflüssen seine Meinung sagen kann. Eine Situation, in der man auch seine Fehler machen kann, um daraus zu lernen. Eines ist ganz sicher: Jede Generation macht ihre Fehler und muß sie machen, um daran zu reifen.

Die Jugend sollte versuchen, ihr eigenes Leben zu gestalten. In der Begegnung, im Dialog und wenn notwendig auch in der Konfrontation. Vor allem aber in dem Wissen, daß man nur aus dem lernen kann, was man selber erlebt hat. Im Positiven wie im Negativen. Ich – und das ist keine Floskel von mir –, ich glaube an die Jugend. Meine Meinung ist, daß wir nur mit der Jugend, im Dialog und im gemeinsamen Wollen, die Dinge meistern werden. Und ich bin überzeugt – es gelingt auch."

Eine Ergänzung zur schulischen und betrieblichen Berufsausbildung bieten die Kurse der AK. Das Angebot reicht von berufsbezogener Weiterbildung bis zur Allgemeinbildung.

Friedrich Verzetnitsch, Installateurlehrling

Er wurde am 22. Mai 1945 in Wien geboren. Seine ersten Berührungen mit der Arbeitswelt, erzählt er, waren bedingt durch den Wiederaufbau nach dem Krieg. Bereits als Kind hatte er interessiert das Treiben auf den Baustellen beobachtet und auch Baumaterial benutzt, um damit zu spielen oder seine kindliche Umwelt zu gestalten. Zum Beispiel wurde in seiner Gasse der Pflasterbelag durch einen Asphaltbelag ersetzt. Die herausgenommenen Pflastersteine wurden dann für sportliche Bewerbe verwendet, und so wurde der ,,Stemmklub Große Mohrengasse" gegründet. Wie jeder andere, verrichtete er auch diverse Gelegenheitsarbeiten, das heißt, er half dem Kaufmann, Waren in sein Geschäft hineinzutragen, oder er hob auf den Tennisplätzen im Prater Bälle auf. ,,Tennisballen aufklauben" hieß das damals.
Fritz Verzetnitsch besuchte die Volks- und Hauptschule. Der Beginn seiner Lehrzeit fällt in das Jahr 1959. Seine Berufswahl, erinnert er sich, beruhte eigentlich nur auf dem Umstand, daß seine Schwester in dem betreffenden Betrieb eine kaufmännische Lehre absolviert hatte und daß eben dort gerade ein Lehrplatz frei war. Er war nicht auf den Beruf des Installateurs fixiert, und obwohl er auch bei der Berufsberatung war, hatte er eigentlich keine ,,beson-

Wiederaufbau nach dem Krieg – ein Volk räumt auf

deren" Erwartungen. So wie für jeden stellte sich für ihn die Frage „Was soll ich werden?", und nachdem es gerade dort einen Arbeitsplatz gab, entschied er sich für den Beruf des Installateurs.
Sein erster Lehrtag begann für ihn auf einem Neubau. Er hatte ein neues Arbeitsgewand in den Betrieb mitgebracht, nach der Begrüßung teilte der Meister ihn einem Gesellen zu, und man begab sich gemeinsam zum Neubau des Erzbischöflichen Palais in Wien. Dort wurden riesige Rohre aus Guß zu einer Abflußleitung zusammengestellt, und er war am ersten Tag damit beschäftigt, diverse Materialien zuzutragen. Wobei er, wie er berichtet, große Augen machte, was sich da eigentlich so abspielt.
Diese Arbeit wurde in einem dunklen Keller verrichtet, und die Atmosphäre, erinnert er sich, war etwas „abenteuerlich". Fritz war am Abend jedenfalls ziemlich müde, weil diese Arbeit für ihn ja neu und ungewohnt war.
Ziemlich bald durfte er auch schon selber mithelfen, weil dies ja eine Arbeit war, bei der nicht viel „passieren" konnte. Er mußte die Abflußrohre „verstricken", wie das im Fachausdruck heißt. Mit einem Hanfstrick wurden die „Muffen", die Anschlußstücke der Rohre, abgedichtet und mit einem speziellen Meißel festgeklopft. Der Geselle mußte wohl noch nachschlagen, da er ja noch nicht so kräftig zuschlagen konnte.
Fritz hatte einen Lehrvertrag als „Gas- und Wasserleitungsinstallateur und Zentralheizungsbauer". Da die Firma aber keine Zentralheizungen baute, wurde das bei der Protokollierung in der Lehrlingsstelle wieder herausgenommen.
Als Lehrlingsentschädigung bekam er damals fünfzig Schilling in der Woche, und auf sein erstes selbstverdientes Geld – abgesehen vom „Tennisballaufklauben" – war er besonders stolz. Einen Teil hatte er zu Hause abgegeben, um zu seinem Lebensunterhalt beizutragen, aber trotzdem blieb ihm noch ein für damalige Verhältnisse ansehnliches Taschengeld.
In seiner Freizeit, erinnert sich Fritz, traf er sich mit Freunden aus einer Clique in seiner Gasse. Man ging gemeinsam ins Kino, oder – nachdem alle ein Fahrrad besaßen – man unternahm

Wien baut auf

gemeinsame Radpartien in die nähere Umgebung. Besonders aufregend war es damals, bei den ersten Mopeds mitzufahren beziehungsweise voller Stolz selber eine Runde zu drehen. Einmal in der Woche war Berufsschule. Eines seiner ,,Schlüsselerlebnisse" dort war ein Lehrer, der die Manie hatte, die Schulbänke mit der Schnur auszurichten. Das hatte schnell zu einem guten Solidarisierungsprozeß in der Klasse geführt: Als dieser Lehrer einmal meinte, die ganze Klasse müsse ,,nachsitzen", weil die Tische nicht ausgerichtet waren, weigerten sich alle. *,,Wir hielten das ganz einfach für eine Tyrannei, für eine Willkür, die nichts für das Erlernen des Berufs bringt. Deswegen wollten wir uns das nicht gefallen lassen."* Die Klasse beschwerte sich beim Direktor und ging geschlossen nach der Schule nach Hause. Dies hatte aber keine Folgen, weil der Direktor die Auffassung der Schüler geteilt hatte und offensichtlich mit dem betreffenden Lehrer gesprochen hatte. Damals gab es zwar auch Klassensprecher, aber nicht mit der rechtlichen Funktion und Ausstattung wie heute.
Einmal hatte er auch eine ,,fachtheoretische" Auseinandersetzung mit einem Lehrer. In seinem Betrieb wurden damals völlig neue Klomuscheln ohne ,,Putzstutzen" verwendet, deren Existenz der Fachlehrer schlichtweg leugnete. Nach vierzehn Tagen heißer Diskussion konnte Fritz aber diesen Fachlehrer dann doch von der Existenz dieser neuen Klomuscheln überzeugen.
Zur Vorbereitung auf die Prüfungen in der Berufsschule hatte er die verschiedensten Lernmethoden. So erinnert er sich, daß die Schüler sich damals im Garten vor der ,,Mollardburg" (der großen Berufsschule in Wien) mit ihren Heften scherzhalber abgeprüft haben – wenn sie nichts Besseres zu tun hatten. Sein Chef hatte ihn bald auch auf diverse Fachkurse aufmerksam gemacht. Später besuchte er auch Kurse seines Fachausschusses in der Arbeiterkammer.
Durch einen Kollegen in der Berufsschule wurde Fritz auf die Gewerkschaftsjugend aufmerksam gemacht: *,,Du, paß auf, in der Mollardgasse wird am Abend in einem Gasthaus ein Film gezeigt. Willst du dir den nicht anschaun?"* Fritz ging hin. Über 70 Kollegen tra er dort in dem Gasthaus. Da ihm die Veranstaltung gefallen hatte, ging er wieder hin. Es wurden nicht nur Filme vorgeführt. Es gab auch Informationsveranstaltungen über Rechte und Pflichten am Arbeitsplatz oder über die Fachkurse im Rahmen des Fachausschusses der Kammer für Arbeiter und Angestellte. Als dann später ein Lokalwechsel vorgenommen wurde und das Treffen von dem Gasthaus ins Gewerkschaftshaus in die Treitlstraße verlegt wurde,

waren von diesen 70 Leuten nur noch kümmerliche drei Mann da. Diese drei – einer von ihnen war Fritz – konnten aber in kurzer Zeit wieder einen Jugendklub mit 40 Leuten aufbauen. Dort wurde nicht nur gewerkschaftliche Arbeit geleistet, sondern man verbrachte auch ganz einfach gemeinsam die Freizeit. Und obwohl dies eine Gruppe der Installateure war, brachten alle ihre Freunde mit, und schließlich waren da 40 Burschen und auch Mädchen aus den verschiedensten Berufen. Eine Aktion zur gemeinsamen Gestaltung der Freizeit war zum Beispiel, daß man gemeinsam für den Urlaub sparte und im Sommer die ganze Gruppe gemeinsam nach Italien fuhr. Damals, erinnert sich Fritz Verzetnitsch, war es ja nicht so wie heute, daß es sich ein jeder leisten konnte, sich einfach ins Auto oder ins Flugzeug zu setzen, um in den Urlaub zu fahren.
Fritz selber hatte damals die Funktion eines Bildungsreferenten und später des Jugendobmanns dieser Gruppe. Später war er auch in Ausschüssen der Wiener Gewerkschaftsjugend und in Bundesausschüssen der Gewerkschaftsjugend tätig. Sein Hobby damals war aber auch Briefmarkensammeln oder vor allem Bücher über fremde Länder.
Fritz erinnert sich noch an eine Auseinandersetzung, die er damals mit seinem Chef hatte, seinem Lehrherrn, wie es damals noch hieß. Im Laufe eines heftigen Wortwechsels erklärte ihm sein Chef: *„Wenn dir das nicht paßt, dann kannst ja gleich gehen!“* Fritz ließ sich das nicht zweimal sagen und ging wirklich, obwohl ihm damals die Konsequenzen seines Verhaltens (Kündigungsgrund) eigentlich nicht klar waren. Sein „leichtsinniges“ Verhalten hatte aber keine Folgen, am nächsten Morgen arbeitete er wieder im Betrieb, als ob nichts gewesen wäre.
Für sein gewerkschaftliches Engagement zeigte sein Lehrherr, wie der „Lehrberechtigte“ damals noch hieß, relativ viel Verständnis. Als es dann aber einen Firmenwechsel gab, das heißt, ein neuer Chef übernahm die Firma, erklärte ihm dieser, sein gewerkschaftliches Engagement müsse aufhören. *„Hier in dieser Firma brauchen wir keine Gewerkschaft!“* Fritz erklärte ihm darauf, wenn er bereit sei, aus seiner Interessenvertretung auszutreten, wolle er dies auch tun. Dem Chef blieb letztendlich nichts anderes übrig, als diesen Standpunkt auch zu akzeptieren. Wenn er allerdings für seine Gewerkschaftsarbeit Freizeit brauchte, so ging das auf Kosten seines Urlaubs. „Freistellungen“ oder ähnliches gab es damals nicht. Lachend erinnert sich Fritz an eine Belehrung seines ersten Chefs, der, ausgehend davon, daß man als Installateur sehr viel in Badezimmern zu tun hat, seinem Lehrling einschärfte:

Jugendkontakte 1970

Arbeitsgespräch mit Minister Dr. Staribacher

„Falls du einmal in einem Badezimmer eine nackte Frau siehst, schau ihr immer nur in die Augen!"

In dem kleinen Gewerbebetrieb, in dem Fritz arbeitete, waren nur zwei Gesellen beschäftigt. Mit einem von beiden ist er dann halt immer „mitgezogen". Später, im dritten Lehrjahr, gegen Ende seiner Lehrzeit, hat er auch schon relativ selbständig Reparaturen durchgeführt. Auf die Frage, ob er auch „berufsfremde Arbeiten" hätte ausführen müssen, meint er, das könne man als Lehrling am Anfang eigentlich gar nicht so richtig einschätzen. Er selbst hatte auch die Werkstatt putzen müssen, Arbeiten, die heute eindeutig als „berufsfremd" definiert würden, wie zum Beispiel Fenster putzen oder den Boden mit Öl einlassen. Aber damals ist ihm das nicht so aufgefallen, weil diese Arbeiten von allen gemeinsam ausgeführt wurden, auch von den Gesellen. Auch der Meister selber hat, wenn er gerade vorbeikam, einmal kurz den Besen geschwungen, wenn dies auch eher nur als Motivation für die anderen gedacht war, weil er ja gleich wieder verschwunden war. „Jausenholen" ist er auch gegangen. Aber in so einem kleinen Betrieb holt man halt seine eigene Jause und nimmt auch noch etwas für den anderen mit. Auf den großen Baustellen war damit sowieso ein Bauhilfsarbeiter beauftragt.

Politische Diskussionen hat es im Betrieb eigentlich keine gegeben. Während die Lehrlinge alle bei der Gewerkschaft waren, wußte man das von den Gesellen nicht. 1960, bei dem großen Metallarbeiterstreik, haben aber auch die beiden Gesellen gestreikt. Die Lehrlinge,

erinnert er sich, durften ja nicht streiken – das ist auch heute noch so –, und sie waren an diesen Tagen in der Werkstatt beschäftigt, hatten aber praktisch keine Arbeit.
1963 hat Fritz Verzetnitsch dann seine Lehre mit „Auszeichnung" abgeschlossen. Er arbeitete in seinem Lehrbetrieb weiter und hatte damals die Absicht, einen „Meisterkurs" zu besuchen. Sein Chef eröffnete ihm aber damals, daß er sich nicht imstande sähe, ihn weiterzubeschäftigen, falls er die Meisterprüfung ablege. Wahrscheinlich, meint Fritz, hat er damals wohl die Konkurrenz gefürchtet. Fritz hatte sich damals gemeinsam mit einem anderen Kollegen aus dem Betrieb überlegt, daß sie sich eventuell selbständig machen könnten. Damals kam aber schon sein ehrenamtliches Engagement in der Gewerkschaftsjugend immer stärker hinzu – heute ist er ja hauptamtlicher Funktionär des ÖGB. Rückblickend meint er aber, daß er, stünde er heute vor der Berufswahl, auf jeden Fa
wieder ein Handwerk erlernen würde.
Nach Ratschlägen für die heutigen Lehrlinge befragt, meint Fritz Verzetnitsch:
„Man soll sich auf jeden Fall klar werden, was man eigentlich will. Das heißt, man sollte auch

nicht vor dem Schritt zurückschrecken, die Lehre zu wechseln, bevor man einen Beruf erlernt, den man im Grunde gar nicht will. Man sollte auch darauf achten, daß man sich alles notwendige Wissen aneignet. Mit der Lehrzeit allein ist es nicht getan. Heute ist ja vieles leichter, als es zu meiner Lehrzeit war. Damals gab es noch keine bundeseinheitlichen Berufsbilder, anhand derer man seinen Wissensstand überprüfen kann. Damals gab es noch keine bundeseinheitliche Prüfungsregelung, und auch die Entlohnung war noch nicht bundesweit einheitlich geregelt. Das sind lauter Möglichkeiten, die man wirklich sehr intensiv ausnützen sollte, genauso wie auch das Kursangebot der Gewerkschaften und Arbeiterkammern zur fachlichen Fortbildung. Man sollte auch im Betrieb versuchen, sich gewerkschaftlich zusammenzuschließen. Gerade auch in einem kleinen Gewerbebetrieb, aus dem ja auch ich komme. Man darf nicht glauben, das regelt sich schon alles von selber. Man muß Initiativen ergreifen. Man hat als Lehrling in der Gewerkschaftsjugend sehr viele Möglichkeiten, Initiativen zu setzen – das sage ich nicht nur, weil ich heute Jugendsekretär des ÖGB bin.“

Heute bewähren sich Frauen auch
in traditionellen Männerberufen. Über alle
arbeitsrechtlichen Fragen –
nicht nur Mutterschutz und
Karenzurlaub – berät sie die AK

Der Lehrling im Buch

Sechs Monate war er ohne Arbeit, dann half ihm ein alter Lehrer aus der Volksschulzeit. Dieser Lehrer kannte einen Ingenieur in einem Mittelbetrieb, und der verhalf Louis Oury, einem damals achtzehnjährigen Kesselschmied, zu einer Stelle. *„Man muß Beziehungen haben"*, schreibt der heute berühmte französische Arbeiterschriftsteller in seinem Buch „Die freudlose Straße", in dem er seine Lehr- und Jungarbeiterzeit schildert. Mit „freudloser Straße" ist der trostlose Weg zur Arbeit gemeint, denn in den fünfziger Jahren hatte – so Oury – ein junger französischer „Metaller" wirklich nichts zu lachen.

Louis fing in der neuen Kesselschmiede zu arbeiten an und fürchtete sich *„wie am ersten Schultag"*. In dieser schwarzen Fabrik mit ihren Riesenkränen und den pfauchenden Dampfwalzen war ihm alles unheimlich. Vor allem bedrückte ihn das gespannte Verhältnis, das zwischen den älteren Arbeitern und den „Jungen" bestand. Die „Alten" sahen im „Nachwuchs" eine starke Konkurrenz heranwachsen, die aufgrund einer besseren Berufsschulbildung vor allem in der Theorie überlegen war. Sie versuchten deshalb ihre körperliche Überlegenheit ihre Muskeln und ihre „stattliche Leibesfülle" den Jungen gegenüber auszuspielen.

„Soll ich runterkommen und dich in den Arsch treten?" war daher immer wieder die drohende Frage der Vorarbeiter. Auf diese Weise zwangen die durchtrainierten Dreißigjährigen die sechzehn-, siebzehnjährigen Lehrlinge, ein Fünfkilogewicht „gegenzuhalten". Von oben hämmerten dann die Gesellen mit weit ausholenden Donnerschlägen Nieten in die Löcher. So ging das Stunde um Stunde. Nach der Arbeit dröhnte der dumpfe Schlag im Kopf des jungen Louis nach und ließ ihn lange nicht einschlafen. Der dumpfe Schmerz wollte einfach nicht mehr aus Armen und Schenkeln weichen.
Louis Eltern meinten, er müsse schon durchhalten, denn schließlich wäre der Vater, ein Hilfsarbeiter, von Zeit zu Zeit beschäftigungslos, und sein bescheidener Beitrag zum Haushaltssäckel wäre schon fest in die laufenden Wochenausgaben eingeplant.
Louis biß sich durch. Sein einziges Freizeitvergnügen bestand in Radtouren am Wochenende. Radfahren war damals der französische Nationalsport. Allerdings war ein einigermaßen brauchbarer Drahtesel für den Jüngling aus einem schäbigen Provinznest nicht so leicht erschwinglich. Deshalb suchte sich Louis verschiedene „Schrotteile" bei Gebrauchtwarenhändlern und auf Müllhalden zusammen und baute sich seinen eigenen „Prototyp".
Mit seinem Fahrrad fand Louis zum erstenmal Anerkennung und Erfolg: Er gewann kleine Rennen, sein Körper wurde widerstandsfähiger, und sein Selbstbewußtsein wuchs. Dadurch war es für Louis gar nicht mehr so wichtig, daß sein Jugendtraum, „Radchampion" zu werden, nicht in Erfüllung ging und er sich auf diesem Umweg nicht mehr an denen „rächen" konnte, die sich so lange über den „Grünschnabel" lustig gemacht hatten.
Jetzt hielt es der junge Kesselschmied in seiner Firma aus: Die Zugluft, die in der im Winter und Sommer auf den Seiten nicht geschlossenen

Halle herrschte, vermochte seiner Gesundheit genausowenig zuzusetzen wie die Stichelei der um wenige Jahre älteren Arbeitskollegen. Louis' Vorschlaghammer konnte nunmehr mit dem Rhythmus der Vorgesetzten mithalten. Dies verschaffte ihm Anerkennung und ersparte ihm von nun an Fußtritte und Ohrfeigen.
Dennoch entschloß sich Oury, aus der verschlafenen Provinz wegzuziehen, denn er erkannte, daß nur in größeren Städten bessere Verdienst- und Bildungsmöglichkeiten bestanden. Um seine Karrierechancen wahrzunehmen, bewarb sich Louis bei einer riesigen Schiffswerft in Saint-Nazaire. Über die Abendschule brachte es Louis Oury bis zum Ingenieur und bewies, daß die „freudlose Straße" für einen willensstarken Menschen doch nicht so trostlos ist.

„Schön, schön", könnte nun jemand einwenden, *„so hat das eben in Frankreich ausgeschaut. Aber wie ist das in Österreich? Hat sich bei uns denn kein Schriftsteller mit der Situation des Lehrlings in der Zweiten Republik auseinandergesetzt?"* Franz Innerhofer, der 1944 als Sohn einer Landarbeiterin in Krimml (Salzburg) geborene „Dorfschmied", hat seine Jugend, vor allem aber seine Lehrzeit, zum Thema einer dreibändigen Lebensgeschichte (Autobiographie) gemacht. Sein erstes Buch, „Schöne Tage", schildert seine Kindheit am Bauernhof seines Vaters – nur waren diese „schönen Tage" keineswegs schön.
Franz Holl, wie sich Innerhofer selbst in seiner Lebensgeschichte nennt, war ein uneheliches Kind, die „Jugendsünde" des Bauern, wie die Leute sagten. Und diese Leute versuchten Franz systematisch zu „versklaven": er sollte möglichst wenig zur Schule gehen, mußte während des vom Lehrer und vom Gemeindearzt gebilligten „Schwänzens" schwere Feld- und Stallarbeit leisten, damit aus ihm einmal ein tüchtiger Knecht würde. Aber Franz, der vom Bauern immer wieder „windelweich" geprügelt wurde und mit fünfzehn Jahren noch Bettnässer war, ließ sich nicht zu einem „Leibeigenen" machen. Er hatte es satt zu sagen: *„Vater, dankschön fürs Durchhauen!"* und suchte sich eine Lehrstelle.
Das war nicht so einfach, denn seine bisherige Umwelt versuchte die „Flucht" des Landarbeiters zu verhindern. Deshalb suchten die Werkstätten der Nachbardörfer immer wieder nach aberwitzigen Ausreden, als sie hörten, daß

Holl „seinem Bauern" davongelaufen sei. Jeder Mechaniker fürchtete, daß der Bauer seine Maschinen „woanders" reparieren lassen könnte. Da hatte Holl zum erstenmal in seinem Leben Glück. Ein junger Schmiedemeister hat ihm eine Lehrstelle „überlassen". Holl war mittlerweile siebzehn Jahre alt geworden.
Aber so leicht gab der Bauer seine billige Arbeitskraft nicht auf. Plötzlich erschien ein Versicherungsvertreter in der Werkstätte und erzählte Greuelmärchen über junge Menschen, denen das Leben übel mitgespielt habe, weil sie sich erkühnt hätten, von zu Hause davonzulaufen. Überdies müsse Holl bedenken, daß sein Plan, Facharbeiter zu werden, vollkommen illusorisch sei, da er an der Berufsschule scheitern werde. Aber Holl ließ sich nicht mehr beirren.
In seinem zweiten Roman, „Schattseite", läßt der Schriftsteller Franz Innerhofer seinen Lehrling begreifen, warum andere Lehrlinge auf ihn so einen „unangenehmen stillen" Eindruck gemacht hatten. Holls Lehrherr, Bruckmann, führt Franz ganz kurz in die Kunst des Elektroschweißens ein und läßt ihn mit einem Arbeitsauftrag mutterseelenallein zurück. Holl hätte aus Verzweiflung an die Decke springen können: Er wußte, daß er mit der ihm gestellten Aufgabe nicht zurechtkommen würde. Da blieb immer wieder die Elektrode kleben, er schnaufte und stöhnte, Schweiß trat ihm aus den Poren, jetzt sollte er durch den Schutzschild schauen und erspähte anstelle des Werkstücks nur sein eigenes Gesicht, das sich im Glas spiegelte.
Holl wußte nicht mehr, wie er es anstellen sollte. Schon lag ein Berg verglühter Elektroden am Boden, und er war mit der Arbeit kaum vorwärtsgekommen. Da beging er in seiner panischen Angst vor dem Versagen einen verhängnisvollen Fehler. Er legte den Schutzschild zur Seite und ließ Sicherheitsvorschriften Sicherheitsvorschriften sein. Er schaute mit bloßem Auge in den grellen Lichtbogen. Am Abend stellte sich dann höllischer Schmerz ein. Holl hatte Glück, er kam mit einem „blauen Auge" davon: seine Sehkraft konnte gerettet werden.
Obgleich Holl von den Kunden seines Meisters geschätzt wird, bleiben Holls Angst vor dem Versagen, seine Furcht, etwas Falsches zu sagen, seine Beschämung, über keinen „Geschmack" zu verfügen, erhalten. Holl beobach-

tet seine Umwelt mit dem Mißtrauen eines Menschen, den der Minderwertigkeitskomplex nie in Ruhe läßt. Es schmerzt ihn, wenn sein Lehrherr, mit dem er in Privatgesprächen per du ist, plötzlich vor anderen sagt: Das ist mein Lehrbub. Er kommt sich verraten vor. Die meisten Dinge, die Holl tut, macht er heimlich. Er stiehlt sich in der Nacht zu seiner Freundin, kommt sich aber fast wie ein Dieb und Verbrecher vor, als er nackt neben ihr liegt, es fällt ihm das Wort „Unkeuschheit" ein, und Holl schleicht sich mit derselben Unschuld aus dem Haus, mit der er es betreten hat. Erika hatte sich nicht gewehrt, war ihm sogar entgegengekommen, nur er hatte Angst, etwas zu tun, und machte sich schon auf dem Heimweg Vorwürfe, daß er ein Angsthase sei. Aber Franz Holl hatte fast immer irgendwie Angst, war verunsichert, traute sich den Leuten nicht ins Gesicht zu schauen. Er wußte, hinter den Vorhängen beobachteten ihn die Dorfbewohner und trugen jede seiner Bewegungen dem Vater, dem Bauern, zu.
Holl hatte eigentlich niemanden, mit dem er sich aussprechen konnte. Deshalb floh er in seine Dachkammer und begann zu lesen. Anfangs hatte er nur in Kriminalromanen geschmökert, aber auch die langweilten ihn. Er griff deshalb zu immer schwierigeren Büchern, die er am Beginn seines nächtelangen Lesens gar nicht verstand. Aber was sonst konnte er tun? Das Kino spielte immer wieder dieselben dummen Sexfilme und Western, im Gasthaus saßen Tag für Tag dieselben Arbeiter und ertränkten ihre Gedanken in Alkohol. Holl begann mit der Zeit die Wirtshausgeschichten und das sinnlose Geldausgeben für Bier und Wein zu hassen. Allzuoft endeten diese Zechtouren in wüsten Schlägereien oder tödlichen Verkehrsunfällen. Wohin konnte er, Holl, gehen? Marianne mußte sich unter irgendeinem Vorwand aus dem Haus schmuggeln, dann drückten sich die beiden in den Schatten des Stallgebäudes, gaben sich einen flüchtigen Kuß, während Mariannes Mutter „du dreckige Hure!" aus dem Fenster rief. In diesem Dorf war alles heimlich und verboten.
Holl wollte der Enge des Tales mit seinen Bergbauernhöfen, mit Kinderarbeit und Dorflehrerinnen, die minderjährigen Hilfsarbeitern ins Zeugnis schrieben: *„Er könnte mehr leisten"*, entfliehen. Holl suchte nach Freiheit, fand sich aber wieder in einer Welt des Zwangs. Wer war nun eigentlich frei? Die Unternehmer? Aber warum verhielten die sich dann so gezwungen? Franz beobachtete mit Befremden das Verhalten junger Unternehmerfrauen. Die redeten sich plötzlich gegenseitig mit „Sie" oder „Frau" an, wo doch sonst alle immer per du waren. Holl konnte sich noch gut erinnern, wie sie eingeschüchtert, „stumm und stramm" hinter dem Ladentisch standen und am Mund der Kundschaft hingen. Diese Mädchen kamen doch mit vierzehn, fünfzehn Jahren von zu Hause weg, fanden sich plötzlich im blauen Mantel von Verkäuferinnen wieder, mußten auf einmal den „Mund halten", Fenster putzen, den Gehsteig kehren und hatten gar nichts von späteren Unternehmergattinnen an sich. Vielmehr wurden sie überall „arme Dinger" genannt. Diese neuen Chefinnen, die Peppi und die Maria, waren noch vor gar nicht langer Zeit hilflose und verschreckte Lehrlinge. Aber dann gaben sie nach, hatten es auf einmal satt, die Allerletzten zu sein, auf denen jeder herumhacken konnte, und wurden über Nacht die Frau des Chefs. Jetzt waren sie wer.
Holl stellte mit Abscheu fest, daß jene Unternehmer, die gerade vor kurzem selbst noch Arbeiter waren, die schlimmsten sind. Andere, alteingesessene Firmeninhaber und Gastwirte hingegen waren oft milder. Sie wurden menschlicher, interessierten sich für die Probleme ihrer Mitarbeiter und *„sagten zu vielen Schikanen bereits ‚nein'"*. Es waren Jungunternehmer, die unter Alkoholeinwirkung einen Zwanziger unter den Tisch fallen ließen und dann einen Tausender anzündeten, um mit dieser Flamme nach der Zwanzigschillingnote zu suchen.
Die Berufsschule erlebte Holl als eine neue Welt der Gewalt und Unterwerfung. Fachlehrer Voß nannte ihn einen „Bauernschmied", riß ihn am Kragen und verteilte Ohrfeigen. Wenn die Lehrlinge über die Berufsschule sprachen, so redeten sie über blutende Nasen und Voß. Voß liebte das Militär, ließ die Internatsbetten nach Kasernenart „bauen" und akzeptierte als Bejahung nur ein lautes „Jawohl". Holl lehnt sich gegen diesen Unterrichtsstil auf und bekommt prompt mit seinem Lehrherrn, der von der Respektlosigkeit seines Lehrbuben erfährt, Streit. Josef Bruckmann meint, Holl müsse wissen, daß er sich als Lehrling unterzuordnen habe, selbst wenn ihm das nicht schmecke. Im übrigen sei auch zwischen Werktätigen und Chef ein gewisser *„Respektabstand einzuräumen"*. Nach einer Weile bekennt Bruckmann

aber, daß er einen *„Unsinn erzählt"* habe. Er selbst leide genauso unter den Zwängen der Umwelt, die von ihm erwarte, daß er den erfolgreichen Unternehmer und Aufsteiger spiele. In Wirklichkeit habe er aber *„bis zur Pensionierung"* Rechtsanwälte und den Gerichtsvollzieher am Hals. Er, der Firmeninhaber, müsse, wenn er ein Stück Freiheit genießen wolle, in den Keller fliehen: Wenn der Gerichtsvollzieher käme, ihn ein nervenzermürbender Handelsvertreter aufsuche oder ihn ganz einfach die Lust überfiele, ein Buch zu lesen, dann müsse er in den Keller.

Holl wollte zwar nicht unbedingt nach ganz oben, aber immerhin ans Licht. Keineswegs wollte er in den Keller. Deshalb verließ er nach der Facharbeiterprüfung das Dorf und bewarb sich um eine Stelle in einer Salzburger Firma. Holl kam bei einem Landmaschinenhändler unter. Einen Tag später erhielt er einen eigenen Spind. Holl erfuhr, daß seinetwegen ein anderer Kollege gekündigt wurde.

In Innerhofers drittem Band, „Die großen Wörter", werden die Salzburger Erlebnisse Holls geschildert. Holl will wieder einmal weg, was ganz anderes machen. Er erwägt, ob er nicht nach Australien auswandern solle, entscheidet sich zuletzt aber für die *„Welt des Redens"*. Unter der *„Welt des Redens"* versteht Holl die Welt der Wissenden und Gelehrten. Holl holt die Abendmatura nach und beginnt zu studieren.

So ist aus dem früheren „Bauernknecht" und Schmiedlehrling Franz Holl, der Mühe hatte, einen über fünf Zeilen langen Volksschulaufsatz zu schreiben, der Schriftsteller Franz Innerhofer geworden.

Thomas Bernhard ist möglicherweise der bekannteste lebende Schriftsteller Österreichs. Für gewöhnlich sind seine Bücher sehr schwer zu lesen. Eine ganz wichtige Ausnahme bildet aber seine Erzählung „Der Keller". Bernhard beschreibt in diesem Buch seine Lehrzeit. Und diese Geschichte ist leicht zu lesen: Eines Tages beschloß er, in die *„entgegengesetzte Richtung"* zu gehen. Er gestand sich ein, daß er das Gymnasium haßte, und *„rettete"* sich in eine Lehre. Bernhard fühlte sich befreit. Bernhard wollte eine *„nützliche Existenz"* gründen, der Unterrichtsbetrieb des Gymnasiums kam ihm als *„größte menschliche Sinnlosigkeit"* vor. Daher stellte er eines Tages seine Schultasche in eine Ecke und rührte sie seitdem nie mehr an. Zu Hause sagte niemand etwas, obwohl er spürte, daß sein Großvater, der aus dem Enkel etwas „Großes" machen wollte, enttäuscht war. Gesagt hat er aber kein Wort. Bernhard wollte vor allem wieder unter Menschen sein. Die Schule, die er eine *„Lernfabrik"* und *„Lernmaschine"* nennt, mache die Ohren taub und den Verstand verrückt. Um endlich Menschliches hören und reden zu dürfen, entschied er sich für eine Kaufmannslehre. Handwerker wollte er auf keinen Fall werden, denn er glaubte, da müsse man erneut allein vor sich hinarbeiten und könne niemandem in die Augen schauen.

Die Frau vom Arbeitsamt war entsetzt, als sich Bernhard meldete und seinen Entschluß, freiwillig dem Gymnasium den Rücken zu kehren, mitteilte. Bernhard sagte immer wieder, er wolle in die entgegengesetzte Richtung, also ganz weit weg vom Gymnasium. In dieser *„entgegengesetzten Richtung"* lag aber die Scherzfeldsiedlung, das Salzburger Schrekkensviertel, die *„Vorhölle"*, wie es Bernhard nannte, der Schandfleck der Stadt. Dorthin wollte nun die Beamtin einen „gefallenen" Mittelschüler keineswegs schicken. Sie hielt den jungen Mann für schlichtweg verrückt. Deshalb zog sie immer wieder Karten aus ihrem Karteikastenvorrat, die die allerbesten Geschäftsadressen der Salzburger Innenstadt enthielten. Aber Bernhard wollte die Gesichter, die ihm seinen Schulbesuch so verhaßt gemacht hatten, nicht auch noch in seiner Arbeitswelt sehen. Er lehnte die ihm angebotenen Lehrstellen ab, bis die Beamtin mit einem Ausdruck der Mißbilligung und Verachtung den Namen *„Podhala"* und *„Scherzfeldsiedlung"* aussprach. Ihr Gesicht sagte: *„Diese Adresse kommt für dich nicht in Frage."* Aber gerade eine Adresse, die für ihn nicht in Frage kam, wollte er zugewiesen erhalten.

So stand Bernhard eines Morgens im Kellergeschäft des Herrn Podhala in der Scherzfeldsiedlung. Podhala, ein Wiener, den der Krieg eine Musikerausbildung abbrechen ließ und der sich seines ursprünglichen Berufs, den eines Kaufmanns, besann, warf nur einen flüchtigen Blick auf seinen neuen Mitarbeiter, warf ihm einen viel zu großen Arbeitsmantel zu, den er nur *„provisorisch"* tragen sollte, den er dann aber immer trug, und meinte zu Bernhard, er könne gleich mit dem Besen das Magazin ausfegen. Alles weitere würde dann am Nachmittag besprochen.

Bernhard verstand sich mit seinem Lehrherrn von allem Anfang an gut. Beide verband die Liebe zur Musik. Der Kaufmannslehrling besuchte Gesangstunden und wurde bald ein begehrter Oratoriumssänger.
Die Scherzfeldsiedlung hatte den jungen Mann nicht enttäuscht. Hier wurde tatsächlich gelebt, denn auf diesem abseitigen Fleck der weltberühmten Musikstadt wurde in nächster Nachbarschaft geboren und gestorben. Einer aus der Scherzfeldsiedlung zu sein, war wie ein Leben lang dazu verurteilt zu werden, Außenseiter zu bleiben. Nirgendwo in Österreich schien die Kriminalitätsrate und die Armut so groß wie in der Scherzfeldsiedlung. Diese Herkunft verfolgte die Menschen aus der „Vorhölle“ überall hin, man konnte sich ihr nicht entziehen. Die Wochenenden waren für die Arbeiter die schlimmste Zeit. Am hoffnungslosesten waren die Samstage, da hatten die Menschen auf einmal Zeit, über sich und ihr Leben nachzudenken. Deshalb war der Samstag eine Art *„Selbstmordtag“*. Der Sonntag war da schon um einiges besser, denn auf den Sonntag folgte der Montag, und der Montag war ein Arbeitstag, ein Tag, der mit Beschäftigung ausgefüllt war. Dann konnte man nicht mehr über seine Situation und Zukunft nachdenken.
Das Kellergeschäft Podhalas war so etwas wie ein Kaffeehaus armer Leute. Hier wurden die neuesten Neuigkeiten verbreitet, man ersparte sich die Zeitung und hörte zum hunderttausend-

stenmal die Lebensgeschichte derselben Leute. Bernhard kannte mit der Zeit alle Kriegsverwundungen und Krankheiten seiner Stammkunden, die, weil sie immer sehnsüchtig auf den Ersten warteten, schon um die Monatsmitte alles in einem Büchel aufschreiben ließen. Da es üblich war, daß Gemischtwarenhändler, vor allem um die Feiertage, die Ware auch in die Wohnung der Kundschaft zustellten, lernte Bernhard die Scherzfeldsiedlung nebenbei von innen kennen.

Hier, in diesem Keller, hatte alles Hand und Fuß, war alles erschütternd echt. Nichts schien mehr sinnlos und abstrakt wie im Gymnasium. Selbst die Berufsschule machte dem Lehrling Spaß. Hatte er die Mathematik in der Mittelschule gehaßt, weil er nie erkennen konnte, wozu die vielen Formeln in der Praxis nutz seien, so begeisterte ihn auf einmal das kaufmännische Rechnen.

So plötzlich, wie Bernhard seine Lehrzeit begonnen hatte, so plötzlich mußte er sie beenden. Der spätere Schriftsteller wurde schwer krank, denn die Hauptbeschäftigung eines *„Nachkriegslehrbuben"* in der Gemischtwarenbranche bestand vor allem im Saubermachen, Umleeren und Abwiegen von Waren. Grieß und Mehl wirbeln aber immer nebelig feinen Staub auf. Dies machte der Lunge des schwächlichen Lehrlings zu schaffen. Bernhard mußte in ein Sanatorium.

Ohne diese Lehrzeit unter Menschen, bei Aus-

übung einer „nützlichen" Tätigkeit, hätte Bernhard wahrscheinlich schwer jene Charaktere kennengelernt, die er später in seinen Werken beschrieb. Die Zeit im Keller war der Beginn einer Karriere.

Jetzt war er wieder auf „freiem Fuß". Ein halbes Jahr hatte er bekommen. Zwei Monate hatte er bereits während der Untersuchungshaft abgesessen. Wie „er" heißt, erfährt man nicht. Gernot Wolfgruber hat seinen Roman „Auf freiem Fuß" in der Ichform verfaßt. Der 1944 in Gmünd (Niederösterreich) geborene Schriftsteller kann das selbst nicht gewesen sein, denn der Held des Romans ist ein Versager, einer, der es zu nichts gebracht hat, während Wolfgruber selbst ein berühmter Schriftsteller wurde. Wolfgruber hat nach der Hauptschule eine Lehre begonnen und sich als Hilfsarbeiter in verschiedenen Branchen versucht, bevor er als Externist die Matura nachholte und schließlich Publizistik und Politologie studierte.
Der Romanheld wird zu Ende des Buches „Auf freiem Fuß" aus dem Gefängnis entlassen. Die Anklageschrift warf ihm vor, daß er ein paar Liter Benzin von einem abgestellten Moped abgezapft habe und aus einem parkenden Wagen eine Angelrute mitgehen ließ. Obwohl er wider Erwarten plötzlich frei war, ließ ihn das Gefängnis nie mehr los. Er sagte dem Beamten am Tor *„auf Wiedersehen!"*, und der entgegnete: *„Na, hoffentlich nicht."*
Jetzt, als die Zeit hinter Gittern hinter ihm lag, fürchtete er die Menschen. Er hatte Angst, daß da mit schwarzer Tinte auf seine Stirn geschrieben stehe: Der war im Gefängnis. Er konnte einfach nicht begreifen, wie der Mann in der Trafik ihn bedienen konnte, als wäre nichts vorgefallen. Es enttäuschte ihn, daß die Zigaretten samt Flachzünder noch immer das gleiche kosteten, so, als hätte niemand von seiner Abwesenheit Notiz genommen. Auf dem Weg zum Bahnhof redete er eine alte Frau an. Die konnte ihm nicht erklären, wie er zur Station käme. Er bezog das sofort auf seine „verbrecherische" Vergangenheit. Zu spät bemerkte er, daß die Frau fast taub war. Der Polizist an der Kreuzung wurde in seiner Vorstellung zum endgültigen Hindernis. Sogleich werde er ihn fassen, die Entlassung war bestimmt ein Irrtum, dachte er. Da er zu lange wartete, obgleich kein Auto fuhr, richtete der Polizist seinen Blick auf ihn, worauf ihm das Blut in den Adern gefror. Am Fahrkartenschalter konnte er nur noch stammeln, er konnte einfach nicht sprechen, nicht erklären, wohin er wollte. Dann versuchte er, Mädchen im Bahnhofsrestaurant anzusprechen, er richtete sich auf, machte ein paar Schritte in ihre Richtung, aber schon bereute er seine Tollkühnheit und ging an ihnen vorbei zur Toilette. Als er zurückkam, saßen natürlich schon andere an ihrem Tisch.
Das Gefängnis hatte ihn zwar frei-, aber nicht losgelassen. Das wurde ihm vollends bewußt, als er sich wie ein Verbrecher am Wirt vorbei in sein Hotelzimmer schlich. Für eine Nacht konnte er dableiben, mußte er nicht nach Hause zur Mutter, war nicht gezwungen, sich den vorwurfsvollen, kritischen Blicken zu stellen. Im blendend weißen Bett, dessen Helle ihm in den Augen weh tat, knipste er fortwährend die Nachttischlampe an und aus. Im Gefängnis konnte er nie entscheiden, ob er Licht haben wollte oder nicht.
Am nächsten Tag mußte er das Hotel verlassen. Der Wirt schrie ihm nach: *„War aber auch Zeit!"* Im Zug fühlte er sich wie ein Verbrecher vor der Entdeckung, denn er konnte einfach nicht glauben, daß die gestern gekaufte Fahrkarte auch heute Gültigkeit besäße. Im Heimatort angekommen, sah er sich dem Stationsvorstand gegenüber. Der Mann kannte ihn von seiner Kindheit an, da er im Haus seiner Großmutter wohnte. Für ihn war klar, daß er ihn nicht grüßte. So ist das nun einmal im Dorf, wo jeder jeden kennt, jeder über jeden alles weiß: Die, die im Gefängnis waren, werden ignoriert.
Mit diesem Eindruck beschließt Wolfgruber seinen Roman. Das Buch ist in seiner Konsequenz grausam, es läßt nur die Folgerung zu: Jemand, der in die Armut hineingeboren wurde, hat keine Chance, sich daraus zu befreien. Allenfalls läßt sich denken: Das möchte ich nicht erleben, mir soll das nicht widerfahren, ich werde mich gegen dieses „automatische" Schicksal wehren. Die Hoffnungslosigkeit, die dieses Buch verbreitet, kann nur wütend und aggressiv machen.
Wolfgrubers Lehrling sitzt zu Hause und muß sich anhören, wie ihm die Familie einredet, was er einmal werden würde: Auf keinen Fall ein Hilfsarbeiter, denn dazu ist er *„zu gescheit"*, noch dazu, wo das *„ganze Gesindel"* der Umgebung aus Hilfsarbeitern bestand. Eventuell wäre noch die Handelsschule in Frage gekommen, aber die war zu weit weg, und im übrigen hätte man sich das nicht leisten können. Also beschloß die Mutter, daß ihr Sohn Tischler

werden würde, weil eine Möbelfabrik gleich neben ihrer Zinskaserne lag und das ein ehrbarer Beruf sei. Der Bub, der davon träumte, Chemiker zu werden, und um jeden Spargroschen Schwefelsäure, Kaliumpermanganat und Benzol kauft, wurde erst gar nicht gefragt. In der Hauptschule las der Klassenlehrer eines Tages einen Brief vor, in dem eine Textilfabrik kundtat, daß sie einen Lehrling für die Farbküche der Textildruckerei suche. Wolfgrubers Romanheld denkt sofort, daß das was mit Chemie zu tun habe, und läßt sich, mehr aus Trotz gegen die Berufswünsche der Mutter als aus eigener Überzeugung, vormerken.
Am ersten Arbeitstag ist er viel zu früh dran. Er wird sofort vom Portier angeschrien, der wissen möchte, was er da auf dem Firmengelände zu suchen habe. Der Lehrling erklärt es ihm. Daraufhin flucht der alte Mann: „*Grüßen kannst mir scheint auch nicht, blöder Bub.*" Dann kommen der Firmenbesitzer und der Direktor. Der Portier macht eine tiefe Verbeugung und nimmt die Kappe ab. Im Personalbüro wird den beiden neuen Lehrlingen ein Buch mit dem Titel „Der Textildruck" ausgefolgt. Die beiden versprechen, darin fleißig zu lesen. Dann geht der Druckereileiter mit den Neulingen in die Druckhalle. „*So*", sagt er, „*da schauts jetzt einmal zwei Wochen zu, damits was lernts.*"
Der Drucker, dem der Lehrling zur Unterweisung beigegeben wurde, hat mit seinem neuen Mitarbeiter keine Freude. Er fürchtet, daß ihn das Grünhorn um den Akkord bringt.
Nach einer Viertelstunde weiß der Lehrling alles, was benötigt wird, um den am langen Tisch aufgespannten Stoffbahnen nachzurennen. Immer wieder die gleichen Handgriffe: Linken Arm nach links bewegen, Schablone nehmen, Verriegelung lösen, zwei Schritte gehen, jetzt läuft der Wagen, stehenbleiben, linken Arm nach rechts, der Wagen rastet ein, die Schablone senkt sich, vor und zurück, so wird gedruckt, dreißigmal . . .
Der Lehrling denkt sich: „*Trottelarbeit*" und bekommt es mit der Angst zu tun, als er sich dabei ertappt, daß er innerhalb von zwanzig Minuten bereits dreimal auf die Uhr geschaut hat. Er fragt sich: Wie soll ich das zwei Wochen lang aushalten? Der Gedanke, daß manche das ein ganzes Leben lang aushalten müssen, kommt ihm gar nicht.
Um nur ja nicht bei der langweiligen Arbeit einzuschlafen, um bloß nicht ewig von einem Fuß auf den anderen treten zu müssen, macht der Lehrling freiwillig jede Drecksarbeit. Er holt den Farbnachschub aus der „Küche" und trägt die benützten Schablonen in den Waschraum. Die Gesellen wundern sich.
Zwischendurch verdrückt sich der Lehrling – wie auch die anderen Arbeitnehmer der Fabrik –

„auf das Klo", um eine Zigarette zu rauchen. Daher ist die Toilettenanlage immer dicht verqualmt. Scholz, der Druckereileiter, vermutet richtigerweise hinter einer Kabinentür den Lehrling, klopft an die Garderobewand und ruft: *„Rotzbub, rauchen tust auch schon!"*
Unschuldsbeteuerungen haben gar keinen Sinn, sie werden sofort als *„Frechheit"* abgetan. *„Das ganze Häusl ist eingenebelt"*, schreit er, *„und mir will er erzählen, er raucht nicht!"*
Von dieser Zeit an ist der Lehrling als Drückeberger abgeschrieben. Scholz fand immer wieder Nachlässigkeiten und Fehler, die er ihm anlastet, einerlei, wer nun der tatsächliche Urheber der Mißstände war. Während der zweite Lehrling aufgrund seiner feuerroten Haare verspottet wurde, beruflich aber geschont blieb, machte der Romanheld nichts mehr recht. Scholz meinte, man könne ihm, während er gehe, die *„Schuhe doppeln"*, so langsam bewege er sich. Entweder brachte er *„sein Maul"* nicht auf, oder er war *„frech wie eine Wanze"*. An Respekt fehle es ihm sowieso. Zuletzt hielte er Scholz wohl *„für blöd"*, während er sich selbst furchtbar *„gescheit"* vorkomme. Aber das alles würde ihm bei Scholz *„einen Schmarren"* nützen. Mit diesen Methoden komme er hier nicht durch.
Freisler, ein Kollege, der sich nur allzu gerne beim Chef Liebkind macht, nützt diese Unstimmigkeit sofort auf schäbige Weise aus. Wann immer Scholz in die Nähe kommt, hält er dem Lehrbuben das Sündenregister der ganzen letzten Woche vor. Berufsfremde Schmutz- und Reinigungsarbeiten, wie das Säubern der Farbküche oder gar der Zwang zur Schichtarbeit, die für Lehrlinge verboten ist, bleiben hingegen von Erörterungen ausgespart. Das Interesse für die Chemie wird gar als *„Blödheit"*, für die man keine Zeit verschwenden wolle, abgetan.
Immer mehr schwand daher das Interesse an der Arbeit. Anstatt Farben zusammenzumischen, hätte er genauso Sand mit Wasser vermengen können. Die Arbeit konnte er schon lange nicht mehr als notwendiges Übel ansehen. Zu Hause konnte er aber über seine Schwierigkeiten nicht reden, da ihm die Mutter sofort sagte: *„Hättest du auf mich gehört, dann stündest du jetzt in der Tischlerei und würdest dir die Unannehmlichkeiten ersparen."*
Nach einem Unfall – der Lehrling trägt drei Monate ein Gipskorsett – kommt es zum endgültigen Bruch. Scholz meint, der Lehrling solle ihm nichts erzählen, er kenne sich schon aus, er sei gewiß besoffen gewesen, als das passiert sei.
„Ich will kündigen", sagt daraufhin der Roman-

held und fühlt sich plötzlich *„ganz frei"*.
Möglich, daß an dieser Bruchstelle im Lebenslauf des Wolfgruberschen Lehrlings die sogenannte „schiefe Bahn" beginnt. Wahrscheinlicher aber ist, daß schon vorher alles schiefgelaufen ist, was in einem Kinderleben nur schieflaufen kann: Einen Vater gibt es nicht. Der Roman läßt ihn nie zum Vorschein kommen. Bis zum vierzehnten Lebensjahr lebt der Ich-Erzähler mit Großvater, Großmutter, Mutter und Bruder zusammen in einer Zimmer-Küche-Kabinett-Wohnung. Klo und Wasser sind auf dem Gang. In dieser Wohnhausanlage aus dem Ersten Weltkrieg haust der sogenannte „letzte Dreck": Gelegenheitsarbeiter, *„alte, alleinstehende Frauen"*, Fürsorgebezieher und *„viel Gesindel. Auf unserem Gang gab es gleich drei Säufer"*, erzählt der Lehrling.
Über diese häuslichen Zustände muß er sich fortwährend schämen: Als er eines Tages ein Mädchen, an dem ihm besonders viel liegt, mit in die Wohnung nimmt, muß er erst zum Trocknen aufgehängte Unterwäsche zur Seite schieben. Deshalb macht er mit diesem Mädchen kein weiteres Treffen mehr aus.
Wenn er in das Kino geht, besucht er vornehmlich Filme *„ab 18 Jahren"*. Von ihnen erwartet er sich, daß sie das *„ganze Leben"* und *„eine nackte Frau vielleicht"* zeigen. Zu Hause wurde über Intimes nie gesprochen: *„Meine Mutter habe ich nie nackt gesehen. Selbst das Wort ‚Schwangerschaft' war tabuisiert."*
Manchmal kommt bei „jugendverbotenen" Filmen die Gendarmerie ins Kino und holt die noch nicht Erwachsenen heraus. Dies wird von den Betroffenen als besonders erniedrigend empfunden.
Dieses ewige Sichschämenmüssen gräbt sich tief in die Psyche des pubertierenden jungen Mannes ein. Seine Umwelt ist ohne feste moralische Werte, es gibt niemanden, der ihm Rede und Anwort stehen könnte. Er bezieht daher seine Vorbilder aus Groschenheften, Kriminal- und Liebesromanen, vor allem aber aus der flackernden Trugwelt des Kinos. Wann immer er mit einem Mädchen zusammen ist, stellt er sich vor, was dieser oder jener Leinwandstar in seiner Lage gesagt oder getan hätte. Prompt sagt er daher einer Freundin, deren körperliche Wärme und Nähe er als angenehm empfindet: *„Nur kein Vanille."* Mit diesem Kinoausspruch wollte er seine unerbittliche Männlichkeit und Härte hervorstreichen, die für Sentimentalitäten keinen Platz übriglasse, und stößt dabei auf Unverständnis. Die Angst, die ihn überallhin verfolgt, läßt ihn nie in Ruhe. Er hat nicht den Mut, er selbst zu sein, denn gerade das wird ihm während der Arbeit verboten. Deshalb hat er sich selbst abgelegt und spielt einen lässigeren anderen. Diese anderen tragen die Namen von Filmschauspielern: Mario Adorf trägt einen Angorapullover, also trägt er auch einen Angorapullover. Gert Fröbe hat im Film „Am Tag, als der Regen kam" „C. B." (Charly Brown) am rechten Oberarm eintätowiert, also muß auch er eine Tätowierung

haben und die Musik zum Film.
Der Lehrling ist, obwohl er es nicht weiß, von früher Kindheit an ein perfekter Konsument. Seine Wunsch- und Vorstellungswelt wird durch die Medien gesteuert: Während der Hauptschulzeit tauschten er und seine Klassenkameraden nicht Mickymaus-Heftchen, sondern Kaufhauskataloge. Auto-, Foto- und Waffenangebote standen besonders hoch im Kurs. In starkem Widerspruch dazu stand das arme Elternhaus, das die Ansprüche des Kindes nie erfüllen konnte. Je einsamer das Kind aber war, um so stärker entwickelte sich aber sein Liebes- und Geltungsbedürfnis. Deshalb begann der Bub die Manteltaschen der Schulfreunde zu plündern. Mit diesem Geld kauft er sich Kleinigkeiten, die er eigentlich gar nicht braucht.
Über genau diese Haltung wird der junge Mann dann „stolpern“: Er bricht mit anderen zusammen in ein Geschäft ein und fragt sich dann drinnen, wozu sie das eigentlich gemacht haben. Die nach Filmvorbildern organisierte Bande nimmt dann „nur“ ein paar Zigaretten mit. Oder es wird ein Eisenbahnwaggon geknackt, der mit Zucker beladen ist. Der Zucker wird im Dorfteich versenkt, um „ausgekochten Gangsterbräuten“ zu imponieren. Dieses Mutantrinken und Dorf-Mafia-Spielen geht nur so lange gut, bis ein Mitglied bei einer unbefugten Inbetriebnahme eines Mopeds geschnappt wird und die ganze „Gang“ auffliegen läßt. Jetzt kommen sie alle ins Gefängnis.

Wenn man den Roman fertiggelesen hat, fragt man sich: Was kann dieses Buch über Lehrlinge einem Lehrling sagen? Daß es sadistische und übergenaue Ausbilder wie den Setzereichef Reisinger gibt, hat man auch vorher gewußt. Und daß ein Dorf außer einem Wirtshaus keine anderen Vergnügungsstätten aufweist, auch. Worin liegt nun also die Stärke dieses Buches? Warum läßt einen „Auf freiem Fuß“ nicht mehr los? Klagt der Roman jemanden an? Na ja, sagt man sich, die Lehrlinge haben ein paar Dinge gedreht, die man zwar nicht akzeptiert, aber für die es auch soziale Ursachen gibt. Als Leser kann man sie eigentlich nicht auch noch verteufeln; das hat schon der Staatsanwalt des Romans besorgt und der Akkordhetzer in der Glasfabrik. „Freche Wanze“ hat er den Jugendlichen genannt. Den Erwachsenen ist gar nicht aufgefallen, daß der „Halbstarke“ vielleicht körperlich überfordert wurde und mit verschiedenen Tricks „bloß“ seine Gesundheit zu retten versuchte. Und am Freitagabend haben sich dann dieselben Erwachsenen vollaufen lassen und die Jungen zum Mittrinken aufgefordert: *„Alle saufen ganz schön“*, schreibt Wolfgruber, *„. . . ich werde es auch noch lernen, ist mir schon ein paarmal versichert worden, sie werden mich eichen, hat mit der dicke Schlosser versprochen.“*
Wird also gegen die sogenannte Erwachsenenwelt Anklage erhoben? Nicht direkt, aber gut kommen diese selbsternannten Vorbilder keineswegs weg.

Damals war es um die Wohnverhältnisse der arbeitenden Menschen schlecht bestellt. Heute gibt die AK auch Zinsenzuschüsse zu Wohnbaudarlehen, um so die Anschaffung einer eigenen Wohnung zu erleichtern und damit die soziale Situation zu verbessern. AK

Mißstände beseitigen

Jugendliche machen Schlagzeilen, wenn sie, wie in den vergangenen beiden Jahren, in Hamburg, Berlin, Frankfurt oder Zürich Häuser besetzen oder Demonstrationen veranstalten. Auch in Wien kam es am 1. März 1981 zu Ausschreitungen gegen das „Packeis", gegen die Jugendfeindlichkeit der Gesellschaft und vor allem gegen die Wohnungsnot. Einige Auslagenfenster gingen in Brüche. Dies führte zu einem lüstern abgefilmten und dann in den elektronischen Medien abgespulten Nachrichtenblock. Die Presse warf der Jugend vor, daß sie zunehmend bereit sei, Aggressionen und Gewalt ungezügelt auszulassen.

Daß aber viele Jugendliche, vor allem Lehrlinge gewerblicher Betriebe, tagtäglich Erniedrigungen und Gewalttaten ausgesetzt sind, verschweigen Österreichs Zeitungen nur allzugern:

Ein Vorarlberger Bäckerlehrling wurde mit dem Besenstiel verprügelt, mußte 400 Schilling im Monat für ein Frühstück, bestehend aus Milchkaffee und zwei Semmeln, zahlen und mußte, wie mittlerweile ein Gerichtsakt sogar festhält, die Hose herunterlassen: Der Feldkircher Bäckermeister Friedrich M. wollte auf diese Weise kontrollieren, ob die Unterwäsche seines Lehrlings auch sauber sei. „Hygienekontrolle" nannte er das. Der Lehrling empfand dies als eine seine Menschenwürde herabsetzende „Schweinerei".

Ein anderer Unternehmer, der Chef der Präzisionsmaschinen herstellenden Firma Fritz F. aus einem kleinen Ort in Niederösterreich, hielt einem weiblichen Bürolehrling „Moralpredigten". Ob er nun aufgrund seines Vollrausches, um das Gleichgewicht zu bewahren, die Hand um die Schulter des Lehrlings legte oder gar anderes, Unzüchtigeres vorhatte, wird von verschiedenen Personen verschieden ausgelegt. Das Mädchen sagte vor Gericht aus, daß es schon möglich sei, daß die Hand des Herrn Ingenieurs gleichsam von der Schulter abgleitend ihre Schenkel berührt haben könne. Sie führe dies vor allem auf die Volltrunkenheit des Dienstgebers zurück. Der Bürolehrling meinte, daß sie aufgrund dieses „Handauflegens" vorgehabt habe, die Firma des Fritz F. zu verlassen, aber ihre Mutter habe ihr ins Gewissen geredet, daß sie das ertragen solle, denn in der Umgebung gäbe es kaum Lehrstellen.

Lehrlinge sind manchmal obszönen und die menschliche Würde verletzenden Nachstellungen ausgesetzt. Einige „Chefs" nützen die Ausbildungsplatzknappheit mancher wirtschaft-

lich unterentwickelter Regionen schamlos aus. In diesen Fällen ist dringend anzuraten, seine Standesorganisationen, die Arbeiterkammer und/oder die Gewerkschaft, zu informieren. Eine falsche Scham führt nicht nur zu einer inneren Ruhelosigkeit und zum Gefühl, wehrlos zu sein beziehungsweise zu werden, sondern setzt gleichaltrige Kollegen und Kolleginnen ähnlichen Gefahren aus.

Auffällig ist, daß in beiden Unternehmen, in denen Eingriffe in den Intim- und Privatbereich von Lehrlingen vorgenommen wurden, auch sonst Gesetze und Schutzbestimmungen verletzt wurden.

Der Vorarlberger Bäckerlehrling mußte oft schon um drei Uhr früh in der Backstube stehen, obwohl in Bäckereibetrieben Lehrlinge erst ab vier Uhr morgens arbeiten dürfen. Täglich zwang Friedrich M. seinen Lehrbuben, zwischen 18 und 20 Uhr „Vorbereitungsarbeiten" auszuführen. Selbst Berufsschultage waren von diesen verbotenen Überstunden nicht ausgenommen, obwohl die Arbeitszeit Jugendlicher eine Grenze von acht Stunden täglich und 40 Stunden wöchentlich nicht überschreiten darf. Ganz wichtig ist, daß die Zeit, die jemand in der Berufsschule absitzt, als Arbeitszeit gilt und auch als solche bezahlt werden muß.

Bei der Firma F. im Waldviertel mußten die männlichen Lehrlinge schon um 6.20 Uhr strammstehen, sie wurden dann einzeln aufgerufen und gingen unter militärischem Kommando „rechts um" zum Arbeitsplatz. Vorerst wurde aber noch exerziert, Frühsport getrieben und auch gerobbt. Der Firmeninhaber, der selbst zugibt, daß er in alkoholisiertem Zustand die Hand um Büromädchenschultern gelegt hat, betonte immer wieder, daß er aus seinen Lehrlingen „tüchtige und anständige" Menschen machen wolle.

Er schnitt daher männlichen Lehrlingen die Haare und begründete dies mit Sicherheitsbestimmungen, da die „Zotten", die allesamt „dreckig und verlaust" seien, in die Dreh- und Fräsmaschinen geraten könnten. Nun stellte das Landesgericht Wien fest, daß die Haarpracht der gewaltsam Geschorenen kaum über den Kragen des Arbeitsanzugs ragte und somit absolut keine Unfallsgefahr heraufbeschwor. Auch hier hat ein Lehrberechtigter, der in seinem 180 Mann starken Betrieb kein Reinigungspersonal beschäftigt und Lehrlinge den Besen schwingen läßt, wieder einmal gewaltsam in die Privatsphäre von jungen Menschen eingegriffen.

Es gibt kaum einen Paragraphen des Berufsausbildungs- sowie des Kinder- und Jugendbeschäftigungsgesetzes, gegen den nicht irgendwo in Österreich verstoßen würde. Sogar Selbstverständlichkeiten sind dann oft gar nicht mehr selbstverständlich: So hält das Berufsausbildungsgesetz Lehrberechtigte an, dafür zu

sorgen, daß der Lehrling regelmäßig die Berufsschule besucht. Die zum Schulbesuch benötigte Zeit ist freizugeben. Erst unlängst ist aber der Fall eines Friseurbetriebs bekannt geworden, in dem eine junge Wienerin gezwungen wurde, der Berufsschule des öfteren fernzubleiben, da „so viel Arbeit zu erledigen" sei. Der Lehrling mußte ständig Putzarbeiten ausführen, der Betrieb besaß keinen geprüften Ausbilder und hat es unterlassen, einen Lehrvertrag zur Eintragung anzumelden. Für jeden dieser Verstöße durch den Dienstgeber sieht das Gesetz eine Geldstrafe bis zu 10.000 Schilling oder Arrest bis zu drei Wochen beziehungsweise im Wiederholungsfall eine Strafe zwischen 3000 und 20.000 Schilling oder Arrest im Ausmaß von zwei bis sechs Wochen vor. Im übrigen war der Betrieb gar nicht ausbildungsberechtigt, hätte also gar keinen Lehrling aufnehmen dürfen. Das Gesetz sagt in diesem Zusammenhang, daß jemand, der Lehrlinge ausbildet, ohne dazu befugt zu sein, mit einer Geldstrafe bis zu 30.000 Schilling oder mit einer Arreststrafe bis zu drei Monaten zu belegen ist.
Für die „haarsträubende" Berufsausbildung im Friseurgewerbe ist wiederum charakteristisch, daß der Lehrling (siehe „Fall 1") als „Tschusch" beschimpft wurde. Wie in unserem „Fall 2", in dem ein Küchenchef einen Kochlehrling „häßlicher Mensch" nennt, soll diese Beschimpfung den Lehrling erniedrigen und vor allem einschüchtern, damit er „ja nicht auf die Idee kommt", die brutalen Mißstände anzuzeigen.
Unflätigkeiten sollen dem Lehrling sein Selbstbewußtsein nehmen, ihn wehrlos machen, ihn davon abhalten, seine Situation zu überdenken oder sich gar dagegen zu wehren. Dieses Vorhalten von zumeist gar nicht zutreffenden persönlichen Fehlern zielt darauf ab, den Jugendlichen dazu zu bringen, „den Fehler vielleicht bei sich selbst zu suchen", Schuldgefühle hervorzurufen und dann den Ausbilder oder Lehrberechtigten als jenen lieben Menschen zu sehen, „der einen" – trotz der vielen persönlichen Fehler – im Betrieb „behält".
Der Sinn dieser psychologisch geschickten Umpolung ist offensichtlich: Die Rolle von Schuld und Unschuld soll geradewegs umgekehrt werden. Der Lehrling soll in aller Öffentlichkeit als unanständiger sowie undankbarer „Fratz" dastehen, während der Lehrberechtigte, der tatsächlich österreichische Gesetze verletzt hat, womöglich als jemand erscheint, der noch auf „Zucht und Ordnung" Wert legt. Diese Umkehrung des Schuldverhältnisses ist empörend und wird von Arbeiterkammer und Gewerkschaft konsequent bekämpft.
Leider gibt es immer wieder Menschen der älteren Generation, die meinen, harte (unbezahlte) körperliche Arbeit und ein paar „Watschen" schaden nicht. Es fällt dann zumeist das Wort: Lehrjahre sind keine Herrenjahre. Diese älteren Mitbürger begründen ihre Einstellung, daß sie es auch nicht besser, ja sogar viel schlechter gehabt hätten. Wenn der Lehrling mit dieser „Arbeitsauffassung" in Berührung kommt, muß er unbedingt Ruhe bewahren und bescheiden fragen, ob die Herrschaften denn glauben, daß das, was sie in ihrer Jugend erlitten haben, wohl richtig war? Sehr oft finden dann auch jene, die der Jugend gegenüber seh strenge Maßstäbe ansetzen, kritische Worte für ihre seinerzeitige Lehrlingsausbildung. Nicht selten fallen dann Bemerkungen wie „ausgenützt, Leuteschinder" und „schlechte Zeiten". Eben weil jene „guten alten Zeiten" in Wahrheit sehr oft „schlechte Zeiten" waren, ja weil gerade diese strengen und (zu Recht) etwas verbitterten Leute in ihrer Jugend keine Jugend hatten, hat der Gesetzgeber Jugendschutzbestimmungen erlassen.
Gerade aber für Chefs, die sich als „Vorbilder" betrachten, gilt um so mehr, daß Gesetze auch eingehalten werden müssen. Wie kann man daher zulassen, daß ein Ausbilder ungesühnt einem Lehrling mit einem Teller die Vorderzähne ausschlägt? Wie läßt es sich mit dem Gewissen vereinbaren, daß in „renommierten" Küchen Kochlehrlinge von ihren Chefs absichtlich verbrannt werden? Wie kann man seine körperliche Überlegenheit und sein berufliches Können dazu verwenden, junge Menschen in aller Öffentlichkeit zu züchtigen und zu blamieren? Oder meinen manche Jugendausbilder wirklich, Fußtritte und Würgegriffe seien Erziehungsmittel anständiger Erwachsener? (Siehe „Fall 2" und „Fall 3".)
Neben dieser nackten, direkten Gewalt sind Lehrlinge häufig einer heimlichen (sekundären), aber gleichermaßen verbotenen Gewalt ausgesetzt: Sie werden zu ungesetzlichen Arbeiten und Arbeitszeiten gezwungen, sie werden ausgebeutet, ihre Kräfte werden in unerlaubter Weise ausgeschöpft, ihre Zeit wird „gestohlen": Verbotene Überstunden sind zu leisten, die Ruhezeit (zwölf Stunden zwischen zwei Diensten) oder die Ruhepause (eine halbe Stunde nach einer Arbeitszeit von mehr als viereinhalb

ÖGJ deckt auf...

Lehrlingsausbeutung im „Goldenen Ochsen"!

Im Gasthof zum „Goldenen Ochsen" (Firma Sternad) in Bad Ischl werden die Rechte der Lehrlinge mit Füßen getreten.

- Koch- und Kellnerlehrlinge müssen Holzhacken, Bügeln, Fensterputzen, Schneeschaufeln, . . .
- Die Lehrlinge müssen bis zu 70 Stunden in der Woche arbeiten. Dafür gibt es weder Zeitausgleich noch werden die Überstunden bezahlt.
- Im Jänner 1980 müssen die Lehrlinge zwangsweise 3—4 Wochen Urlaub nehmen, im Sommer gibts keinen Urlaub.
- Die Arbeitszeit der jugendlichen Lehrlinge endet erst spät in der Nacht (01.00 Uhr, 01.30, sogar bis 03.30 Uhr)
- Die Lehrlinge schuften z.B. von 07.00 – 18.00 ohne jede Pause. (11 Std.)
- Größte Beschimpfungen durch die Chefin sind keine Seltenheit.
- Sonntags gibt's für Kellnerlehrlinge prinzipell nicht frei.

Wir sind nicht bereit diesen Mißständen zuzuschauen und fordern die Besitzer des „Goldenen Ochsen" auf, diese Mißstände sofort abzustellen. Die Lehrlingsstelle der Handelskammer ersuchen wir zum wiederholten Male dafür zu sorgen, daß die geltenden Gesetze eingehalten werden!

GEWERKSCHAFTSJUGEND

Impressum: Eigentümer, Herausgeber und Verleger: Gewerkschaftsjugend O.Ö., für den Inhalt verantwortlich: Franz Seiwald, beide 4020 Linz, Volksgartenstr. 40. Druck Denkmayr, Katsdorf

Stunden) wird nicht eingehalten, Nachtarbeit wird verlangt, die Sonn- und Feiertagsruhe nicht berücksichtigt und freie Urlaubswahl (24 Werktage pro Jahr; davon können mindestens 12 Tage in der Zeit vom 15. Juni bis 15. September beansprucht werden) unterbunden.
Neben diesen „Zeitverstößen" häufen sich die Beschwerden über berufsfremde Arbeiten oder Nichteinhaltung des durch das „Berufsbild" festgehaltenen Ausbildungsplans: So mußte der Lehrling eines bekannten Bad Ischler Gastbetriebs eineinhalb Jahre seiner Lehrzeit mit Salatmachen zubringen. Ein Plakat der Oberösterreichischen Gewerkschaftsjugend, das die Mißstände in dieser Firma zum Gegenstand hat, stellt fest:
„Koch- und Kellnerlehrlinge müssen Holzhacken, Bügeln, Fensterputzen, Schneeschaufeln ... Die Lehrlinge müssen bis zu 70 Stunden in der Woche arbeiten. Dafür gibt es weder Zeitausgleich, noch werden die Überstunden bezahlt.
Im Jänner 1980 müssen die Lehrlinge zwangsweise drei bis vier Wochen Urlaub nehmen, im Sommer gibt's keinen Urlaub.
Die Arbeitszeit der jugendlichen Lehrlinge endet erst spät in der Nacht (1 Uhr, 1.30 Uhr, sogar erst 3.30 Uhr).
Die Lehrlinge schuften zum Beispiel von 7 bis 18 Uhr ohne jede Pause (11 Stunden).
Größte Beschimpfungen durch die Chefin sind keine Seltenheit.
Sonntags gibt's für Kellnerlehrlinge prinzipiell nicht frei.
Wir sind nicht bereit, diesen Mißständen zuzuschauen, und fordern die Besitzer des ‚...' auf, diese Mißstände sofort abzustellen. Die Lehrlingsstelle der Handelskammer ersuchen wir zum wiederholten Male, dafür zu sorgen, daß die geltenden Gesetze eingehalten werden!"
Besonders in kleinen Gewerbebetrieben werden Lehrlinge immer wieder Opfer jener Dienstgeber, die sich die jugendliche Unerfahrenheit der Lehrlinge und die Arbeitsplatzknappheit in verschiedenen Berufssparten und Grenzlandregionen zunutze machen.
In den drei nachfolgenden Fällen, die sich in den letzten Monaten in Wien ereignet haben, wird gegen eine Vielzahl der angeführten Bestimmungen verstoßen, aber die Lehrlinge haben sich gewehrt, und dies mit Erfolg.

Fall 1: Käthe B., Friseurlehrling

1977 hat eine in Wien 7, Mariahilfer Straße, lebende „Geschäftsfrau“ die Idee, daß es besser sei, wenn man einen Dienstleistungsbetrieb eröffnet. Da kann man viel verdienen. Frau Irmgard T. hat 95.000 Schilling Startkapital und sucht sich einen „Teilhaber“, den Geschäftsmann Johann M., der sich mit der kaum ins Gewicht fallenden Summe von 5000 Schilling an der Firmengründung beteiligt. Die beiden Geschäftspartner haben zusammen genau 100.000 Schilling Grundkapital, also nach dem damals geltenden Gesetz genug, um eine „Gesellschaft mit beschränkter Haftung“ ins Handelsregister eintragen lassen zu können. Am 7. Oktober 1977 wird die „Irmgard T. Frisuren Ges. m. b. H.“ geboren.

)ie frischgebackene Chefin kaufte sofort neue ;eräte und, da sie selbst keine gelernte Friseurin ist, noch eine gewerbeberechtigte ;eschäftsführerin dazu, Frau Helene S. Frau S. ıat man dann später im Friseurladen der rmgard T. nie mehr gesehen, sie existiert praktisch nur auf dem Papier, muß aber in irgendeiner Form vorhanden sein, sonst hätte die irma nie aufmachen dürfen.
Spätestens ab diesem Zeitpunkt nimmt eine kleine Tragödie ihren Lauf. Irmgard T. hat von allem Anfang an zuwenig Geld, macht Schulden und expandiert: Sie eröffnet fünf Gehminuten vom „Stammhaus" entfernt, in Bahnhofsnähe, eine neue, in Chrom und Neon blitzende Filiale. Da entstehen neue, gigantische Kosten für die Pacht, die gesamte Innenausstattung und vor allem für das Personal.
Da man aber bekanntlich Haare nicht per Handfächer fönen kann, durfte man im Ausstattungsbereich nicht sparen, also mußte billiges Personal her: Irmgard T. stellt fünf Lehrlinge ein, das heißt, wieviel Lehrlinge Irmgard T. letztlich hatte, weiß niemand so recht, weil es die „Frau Chefin" mit dem An- und Abmelden von Lehrlingen nicht so genau nahm, obwohl der Lehrberechtigte angehalten ist, die Lehrlingsstelle der Arbeiterkammer über den geänderten Lehrlingsstand raschest zu informieren.
Aber ob Irmgard T. nun fünf oder „bloß" drei

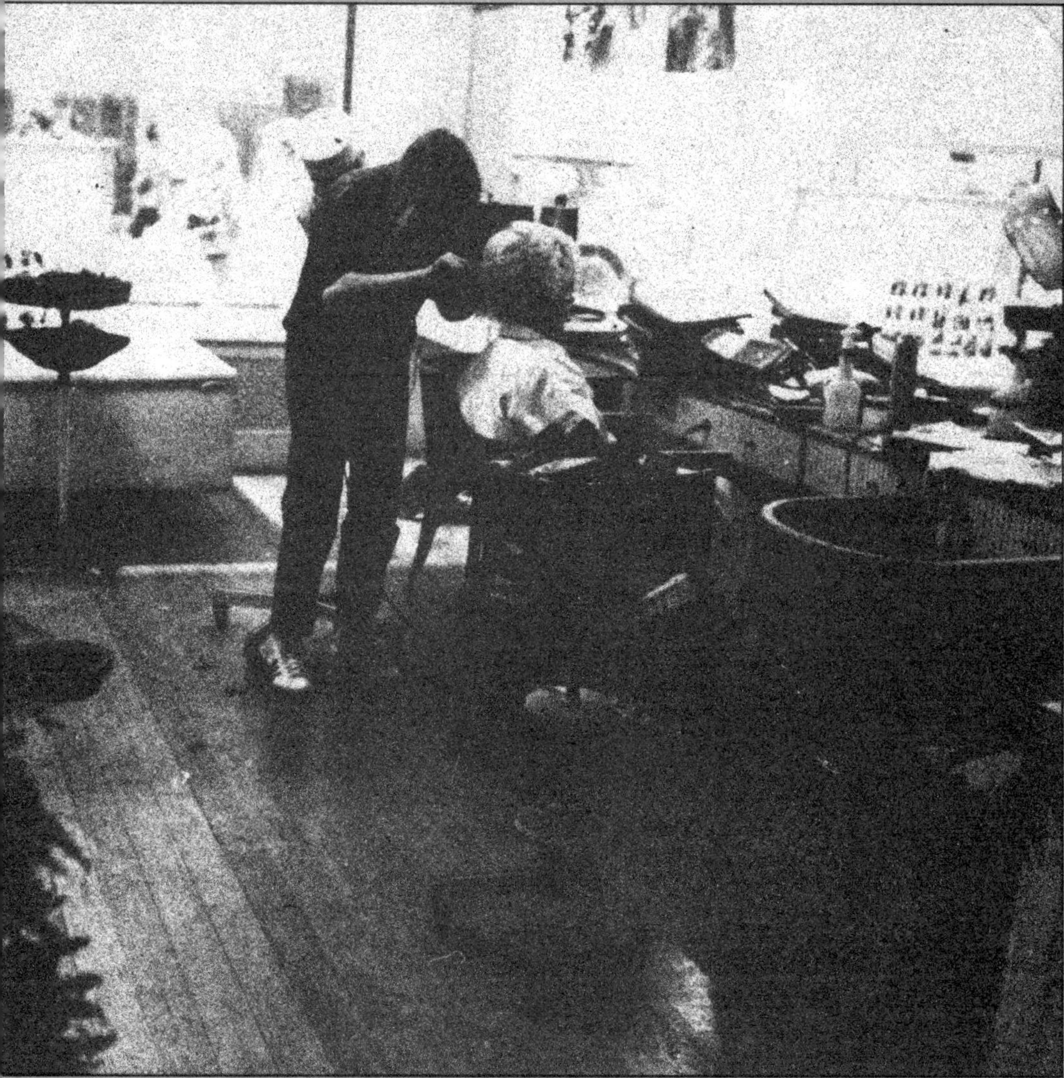

Lehrlinge zur gleichen Zeit beschäftigt hat, ist nicht so wesentlich, weil die Jungunternehmerin den Buchstaben des österreichischen Gesetzes zufolge überhaupt keinen Lehrling aufnehmen hätte dürfen, weil sie selbst keine gelernte Friseurin ist und ihre gewerbeberechtigte Geschäftsführerin nur als Name auf Lehrverträgen, niemals aber leiblich im Geschäft erscheint. Dieser Gesetzesbruch dürfte der Chefin auch aufgefallen sein, weshalb sie eiligst eine Ausbilderin erfand, indem sie eine Gehilfin, ohne deren Wissen, auf dem geduldigen Papier der Lehrverträge zur Ausbilderin beförderte. Deshalb erhielt die neue „Ausbilderin", die von ihrem Karriereglück nichts wußte und gerade selbst erst ihre Lehrzeit abgeschlossen hatte, auch keinen Groschen mehr, im Gegenteil: Maria V. mußte über das Arbeitsgericht eine Pfändung der „Irmgard T. Frisuren Ges. m. b. H." durchsetzen, da ihr die Firma Gehälter schuldig blieb. Aber selbst wenn eine geprüfte Ausbilderin vorhanden gewesen wäre, so hätte der Betrieb niemals drei beziehungsweise fünf Lehrlinge gleichzeitig „ausbilden" dürfen, da auch zwei Ausbilder höchstens zwei Lehrlinge betreuen dürfen.

Das alles hat Irmgard T. natürlich gewußt, denn sie weigerte sich beharrlich, ihrem „Lehrling" Käthe B. einen Lehrvertrag auszustellen, ja, später tat sie vor dem Arbeitsinspektor geradewegs so, als hätte sie gar nie vorgehabt, Käthe B. als Lehrling aufzunehmen. Indessen bettelte Käthe B. weiter: *„Bitte, Frau Chefin, wann bekomm' ich meinen Lehrvertrag?"* Als die Berufsschule unruhig wurde und eine Scheinlehre vermutete, versicherte die selbstbewußte Chefin dem verdutzten Schuldirektor, daß schon alles in Ordnung wäre und der Lehrvertrag bereits abgeschickt worden sei. Dieser Lehrvertrag ist bis zum heutigen Tag nirgends angekommen.
Nunmehr beschäftigt Irmgard T. ein neues Problem: Wie soll sie die „störrische" Berufsschule besänftigen? Da hat sie eine Idee: Am 15. Oktober 1980 läßt sie die Schuldirektion mittels einer „Arbeitsbestätigung" wissen, daß „Fräulein Käthe B. seit dem 18. September 1980 als Friseurlehrling" in ihrem Betrieb beschäftigt ist. Na also, die Chefin hält hiermit eigenhändig schwarz auf weiß fest, daß Kollegin B. „Lehrling" ist, und zwar ab 18. September und nicht erst seit 6. Oktober, wie eine

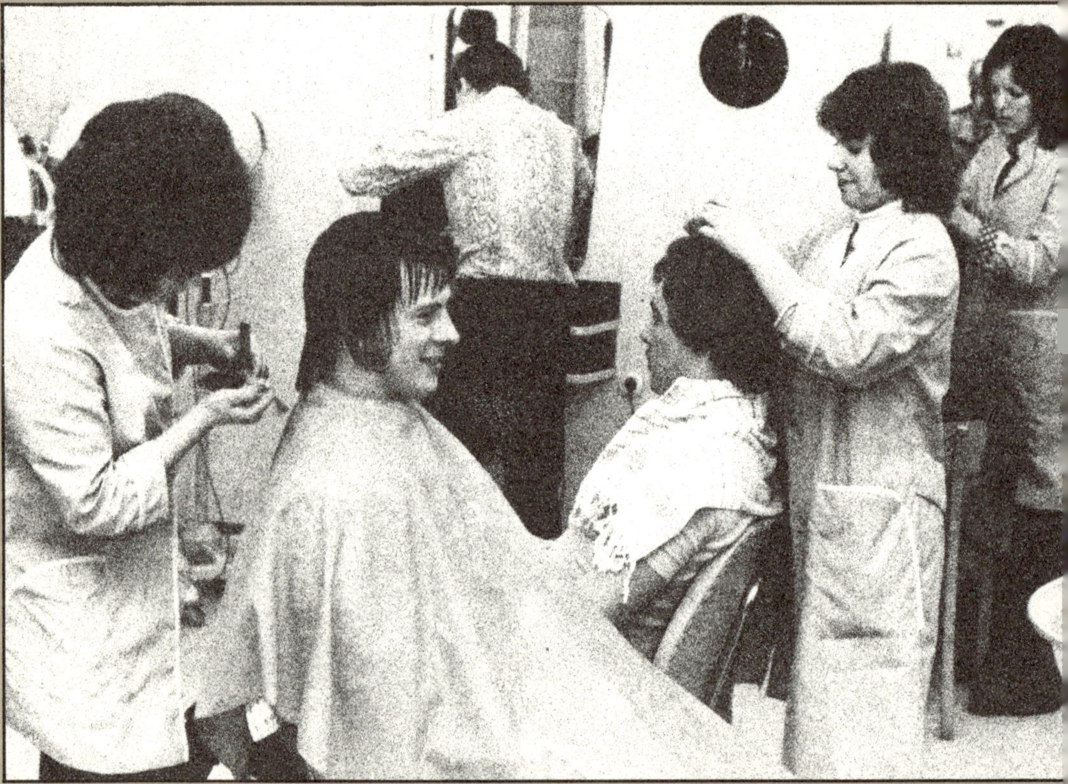

Gebührenfreí gem. § 12 (5) Berufsausbildungsgesetz

Umgehend, jedoch spätestens 4 Wochen nach Beginn des Lehrverhältnisses (Eintritt in die Lehre) in 4-facher Ausfertigung vorzulegen.

Die stark umrandeten Teile sind nicht auszufüllen!

An die Lehrlingsstelle

der .... WIEN ....

....

....

.... 1030 Wien ... gasse 1 ....

.... Tel.: 72 56 11/255 ....

Adresse

Protokollnummer .... 374/71 ....

Eingangsstempel der Lehrlingsstelle

Zwischen dem nachstehend angeführten Lehrherrn und Lehrling wird auf Grund des Berufsausbildungsgesetzes, BGBl. Nr. 142/1969 folgender

Lehrvertrag

abgeschlossen.

1. LEHRHERR: ....

Vor- und Familienname bzw. Firma

....

Postleitzahl, Wohnort bzw. Sitz der Firma — Telefon

....

....

....

....

Gegenstand des Betriebes = Wortlaut jener Gewerbeberechtigung(en), die zur Ausbildung in dem unter Pkt. 3 genannten Lehrberuf berechtigen.

....

....

....

....

Postleitzahl, Standort der Betriebsstätte(n), in der (denen) der Lehrling ausgebildet wird.

* Gewerberechtlicher Stellvertreter: ....

Vor- und Familienname

....

Postleitzahl, Wohnort — Telefon

* Ausbilder: ....

....

....

Vor- und Familienname

* Mit der Koordinierung der Ausbildung betraut: ....

Vor- und Familienname

verspätete Anmeldung bei der Krankenkasse vermuten läßt. Mit dieser Verspätung hat der Betrieb wieder einmal Ausgaben eingespart, und zwar auf Kosten des Lehrlings.
Diese Form von Betriebskostensenkung war bei „Irmgard-Frisuren“ gang und gäbe: Kollegin B. erhielt wöchentlich 382 Schilling und 22 Groschen an Lehrlingsentschädigung, aber in den fünf Monaten und 13 Tagen ihres Dienstverhältnisses bloß dreimal einen Lohnzettel. Dies macht stutzig, und zwar aus gutem Grund. Auch hier hat die Firmenleitung zu „sparen“ versucht, indem sie lästige „Nebenkosten“ (wie Urlaubszuschuß) erst gar nicht anführte. Auf diese Weise sind unserer Kollegin 2526 Schilling vorenthalten worden.
Da das Geschäft nicht so recht ging, glaubte die Chefin, sich an ihrem Personal schadlos halten zu können, indem sie nicht nur die Lohnkosten auf verbotene Weise zu drücken versuchte, sondern ihre Angestellten auch zu Kunden des eigenen Betriebs machte.
„Einmal in der Woche mußten wir selbst unter die Trockenhaube“, erzählt Käthe B. *„Eine Friseurin muß klarerweise auf ihr Äußeres großen Wert legen. Nur sehe ich nicht ein, warum wir dann den vollen Preis zahlen mußten.“* Käthe B. griff zur kollegialen Selbsthilfe und ließ sich von einer Freundin während deren Freizeit frisieren. Obwohl die Vorgesetzten gerade das Können dieser Kollegin überaus loben, hatte Irmgard T. mit einem Schlag an der Haartracht ihres Lehrlings etwas auszusetzen. *„Wie du ausschaust!“* fluchte die auf Höflichkeit und mustergültiges Auftreten so erpichte „Geschäftsfrau“. *„Mit deinem Gesicht verschreckst du mir ja alle Kunden. Du siehst ja aus wie ein Tschusch.“*
In Wirklichkeit hat das überaus vorteilhafte Aussehen der beschimpften Kollegin überhaupt

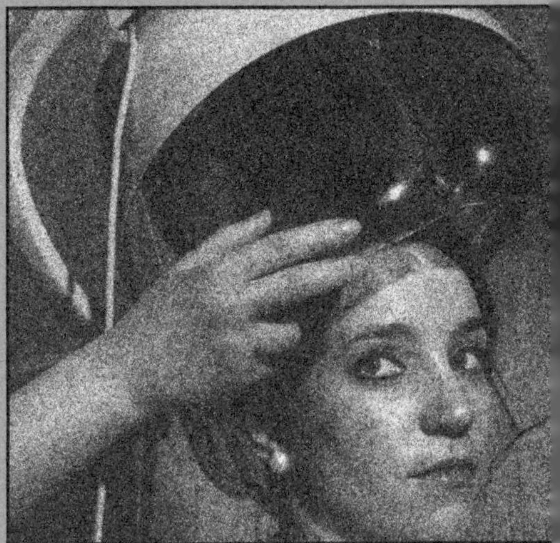

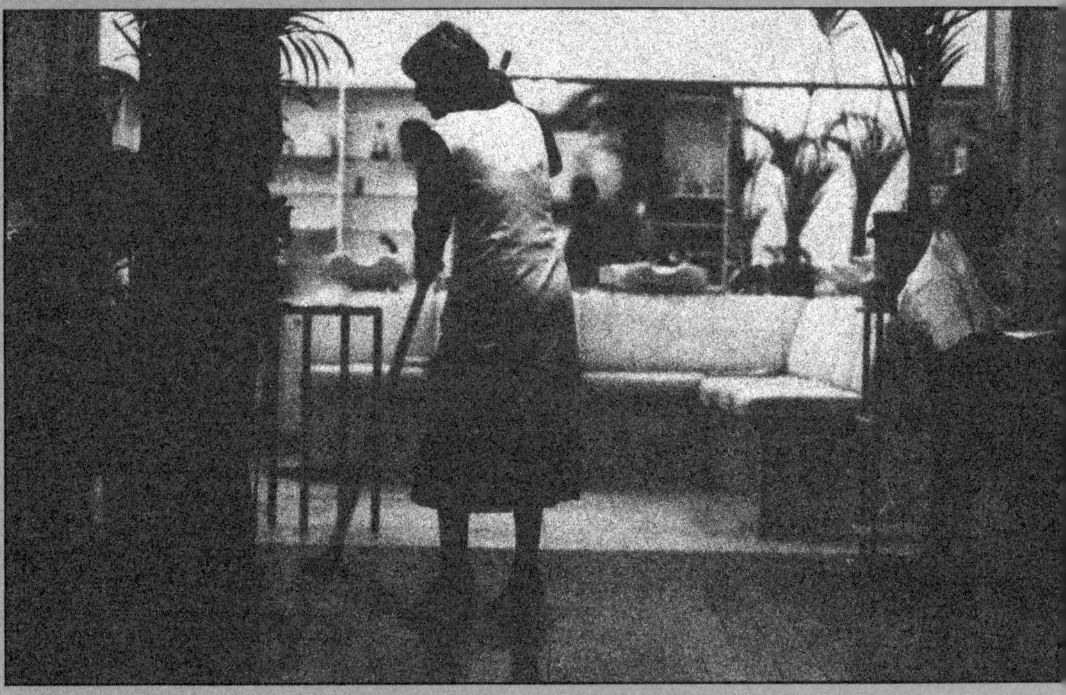

ichts Orientalisches an sich, wohl aber rinnern die rauhen Sitten im „Irmgard-Frisuren"-Salon an die soziale Rückständigkeit des 3alkans im 19. Jahrhundert: Käthe B. wurde als illiger Laufbursch eingesetzt, mußte Prospekte ustragen, die Privateinkäufe der Chefin erledigen und eine Putzkraft ersetzen. *„Putzen, utzen, putzen!"* hieß es tagaus, tagein. Da lebten auf einmal die Sesselleisten, da mußten ie Schaufensterscheiben auf Glanz poliert verden, der Boden war aufzuwischen und die Eingangstür zu reinigen. Daß der gültige Kollektivvertrag für das Friseurgewerbe ausdrücklich festhält, „grobe Reinigungsarbeiten" ind „von eigens hiefür bestimmten Personen, velche nicht dem gewerblichen Personalstand ngehören", vorzunehmen, kümmerte die nsonsten so pedantische Chefin nicht. Vielnehr erwartete sie, daß ihre Lehrlinge von acht Jhr morgens bis sechs Uhr abends widerpruchslos im Dauereinsatz stünden.
rotz Überstundenzwangs und berufsfremder ehrlingsarbeit gab es praktisch keine Mittagspause. *„Wenn wir überhaupt einmal zum Essen amen, dann mußte das schnell zwischendurch eschehen"*, berichtet Käthe B. *„Meistens vurde ohnehin nichts daraus. Denn kaum hatte nan den Löffel zum Mund geführt, platzte chon wieder ein Kunde herein. Der mußte atürlich sofort bedient werden. Das Essen war lanach schon kalt. Eine wirkliche Mittagspause ab es nie. Praktisch haben wir von acht Uhr norgens bis sechs Uhr abends durchgearbeiet."*
Genausowenig wie Irmgard T. den Klagen ihrer Mitarbeiter" Gehör schenkte, wollte sie mit offiziellen Stellen" etwas zu tun haben. Bereits 980 versuchte die Jugendschutzabteilung der Kammer für Arbeiter und Angestellte zu intervenieren, konnte aber die Inhaberin der Irmgard-Frisuren" nie antreffen. T. versuchte *immer wieder mit diversen Ausreden, eine Überprüfung des Betriebs zu verhindern"*. Im rühjahr 1980 hatte dann ein Jugendschutzreferent der Arbeiterkammer Wien Glück: Er traf die er Kollegin Käthe B. unbekannte „gewerbeerechtigte Geschäftsführerin" Helene S. an. rau S. meinte, sie habe nie vorgehabt, mit Käthe B. ein Lehrverhältnis abzuschließen, und ehme auch jede Strafe auf sich.
Kollege Posenanski entgegnete, daß er eine Anzeige bei der Gewerbebehörde hinterlegen nd Lohnschulden in der Höhe von 12.000 Schilling einfordern werde. Diese 12.000 Schilling wären der fällige Betrag gewesen, den der Dienstgeber zusätzlich zu zahlen gehabt hätte, wäre Käthe B. nun tatsächlich nicht als Lehrling beschäftigt worden. Helene S. versprach, daß der Steuerberater der „Irmgard T. Frisuren Ges. m. b. H." die ganze Angelegenheit regeln werde. Der erwähnte Steuerberater erteilte aber telefonisch die Auskunft, daß er nichts sagen und machen dürfe, da ihm seitens der Firma eine Schweigepflicht auferlegt wurde. Mit diesem „Schlußpunkt" wird das ganze Problem endgültig auf dem Gerichtsweg zu klären sein, zumal die Frau Chefin höchstpersönlich am 3. März 1981 gegen Käthe B. eine fristlose Entlassung ausgesprochen hat:
Käthe B. betrat um dreiviertel acht das Geschäft, begab sich in den Umkleideraum und wechselte mit einer Arbeitskollegin noch ein paar Worte. Dieses „Getuschel" erwirkte einen der sattsam bekannten Wutausbrüche der Irmgard T.: *„Putz mir noch das Geschäft, und dann kannst verschwinden, du brauchst mir gar nicht mehr zu kommen!"* Mit diesen Worten verabschiedete T. ihren Lehrling für immer. Kollegin B. ließ den ihr gereichten Bodenfetzen fallen und verständigte Arbeiterkammer und Gewerkschaft.
Am 16. März versuchte die Mutter des Exlehrlings der „Irmgard-Frisuren", die Lohnsteuerkarte ihrer Tochter „einzutreiben". *„Mit Ihnen red' ich nicht!"* herrschte die Exchefin die Mutter an. *„Entschuldigen Sie, aber uns steht noch Geld zu. Wenn Sie nicht zahlen, muß ich das Geld einklagen"*, versuchte Frau B. noch zu erklären.
„Und wenn Sie nicht das Geschäft augenblicklich verlassen, laß ich Sie abführen, durch die Polizei!"
Chefin T. will halt mit niemandem reden: nicht mit der Arbeiterkammer, nicht mit der Gewerkschaft und schon gar nicht mit den Angehörigen der gesetz- und anstandswidrig Entlassenen. Nun wird wohl das Gericht den Mantel des Schweigens zu lüften haben.
Kollegin Käthe B. wird außer dem erlittenen Ärger kein größerer Nachteil erwachsen, denn der Friseurlehrling hat das in seiner Situation einzig Richtige getan, nämlich die Interessenvertretungen – Arbeiterkammer und Gewerkschaft – über seine schmerzlichen Erfahrungen informiert. Diesem Einsatz im persönlichen Interesse ist es zu verdanken, daß Käthe B. schon einen Tag nach ihrer gesetzwidrigen Entlassung eine Ersatzlehrstelle angeboten werden konnte.

Junge Menschen werden heute
als Freizeitkonsumenten umworben. Die
kommerzielle Vergnügungsindustrie versucht
sie in eine Schablone zu pressen.
Kritische Konsumenten berät die AK

Fall 2: Kochlehrlinge

Ronald F. ist fünfzehn Jahre alt. Er ist Kochlehrling, denn es hat ihn schon immer zu Schmackhaftem hingezogen. Obwohl Ronald eine vollschlanke Sportlerfigur hat, beginnt er langsam seine Leidenschaft für Gaumenfreuden zu bereuen: Sein Lehrbetrieb ist im Besitz eines hohen Gemeindepolitikers, der meint, er könne sich über österreichische Gesetze hinwegsetzen. Die fünf Lehrlinge des Kommerzialrats Leopold Sch. müssen jede Woche drei Überstunden machen, ohne hiefür Bezahlung oder Zeitausgleich zu erhalten. Da kommt es vor, daß der in einer Markthalle gelegene Restaurationsbetrieb eine „Party-Betreuung" übernimmt. Das Fest findet außerhalb von Wien statt und endet Stunden nach Mitternacht. Dafür bekommt Ronald ein paar Hunderter, muß aber trotzdem um sieben Uhr früh in der Firma sein. Es ist klar, daß Ronald bei vier bis fünf Stunden Schlaf das Gähnen nicht unterdrücken kann. Deshalb sieht das Gesetz auch eine mindestens zwölfstündige Ruhepause zwischen zwei Diensten vor. Kommerzialrat Sch. meint noch immer, das alles sei völlig in Ordnung. Deshalb zwingt er seine Lehrlinge, jeden Tag bis 23 Uhr zu arbeiten. Auch das ist verboten. Denn Lehrlinge, selbst wenn sie über 18 Jahre alt sind, dürfen keine Nachtarbeit leisten. Zwischen sieben und acht Uhr morgens und zwischen 15 bis 23 Uhr arbeiten die Lehrlinge der Firma Sch., von der man annehmen sollte, sie würde als Musterbetrieb geführt, gar ohne Aufsicht ihres Ausbilders Theodor P. Kommerzialrat Sch., der sich in seinem Betrieb eher selten blicken läßt, kann nicht entgangen sein, daß er nur einen Ausbilder beschäftigt, obwohl er gleich fünf Lehrlinge eingestellt hat. Aber Lehrlinge sind halt billige Arbeitskräfte, die sich für Putz-, Schäl-, Schneide- und Vorbereitungsarbeiten besonders kostengünstig verwenden lassen. Daß bei diesen Handlangerdiensten das im Berufsbild angegebene Lehrziel hintangestellt wird, kümmert den Dienstgeber gar nicht.

Vielmehr dankt Küchenchef Theodor P. den Lehrlingen ihre Gutmütigkeit damit, daß er mit Bratpfannen nach ihnen wirft. Seine häufigen

Drohungen wie *„Zar an, du Hund, sonst verbrenn i di!"* sind sehr ernst zu nehmen. Chefkoch P. stellte fest, um ein Beispiel zu nennen, daß ein Rostbraten „noch nicht durch" sei. Wutentbrannt schleuderte er den Fleischfleck zurück in die Pfanne, so daß das brutzelnde Öl hochspritzte. Der Lehrling wurde dabei am Unterarm verbrannt.
Einem anderen Lehrling, Gerald G., warf der Küchenchef vor, Kaiserschmarren-Rosinen zu lange am Herd gelassen zu haben. Dafür schoß er dem Jugendlichen eine brennheiße Rosine auf das Auge. Da riß dem Gequälten die Geduld: Er erstattete bei der nächsten Polizeiwachstube Anzeige wegen Nötigung. Daraufhin wurde er von seinem Chef erneut beschimpft: *»Du bist der falscheste Hund in der Firma. Da ist der P. noch ein Waserl, und der ist schon ein Arschloch."* Schimpfkanonaden dieser Art haben im Gastbetrieb des Kommerzialrats Sch. aber eine uralte Tradition. Der Geschäftsführer bezieht seine „Komplimente" aus dem kulinarischen Bereich. Er sagte seinem Kellnerlehrling: *„Du bist ein gebackenes Arschloch."*
Küchenchef P. wählt im Gegensatz dazu weniger abstrakte „Belobigungen". Er entdeckte im Gesicht des Ronald C. entwicklungsbedingte Pubertätspickel und kommentierte seine Beobachtung mit dem höflichen und gleichermaßen zurückhaltenden Ausspruch: *„Du bist ein häßlicher Mensch!"*
Theodor P.s häßliche Methoden der Lehrlingsbehandlung sind nicht nur menschliche Fehlleistungen oder das Resultat von Zornesausbrüchen, sondern müssen, da sie so häufig und geplant eingesetzt werden, als Ausdruck eines sadistischen Charakters verstanden werden. Anders ist es wohl nicht zu begreifen, daß es dem Ausbilder Freude bereitet, wenn er den Allerwertesten von Lehrlingen mit bratpfannenheißen Leberkäsflecken bewirft und darüber noch lacht. Seine Erklärung: *„Da mußt schon zur Seite gehen!"* darf da wohl nur noch als fadenscheinige Begründung eines üblen wie schmerzhaften „Scherzes" betrachtet werden.
Mittlerweile ist eine Anzeige, die die Mißstände des Restaurants Leopold Sch. zum Gegenstand hat, beim Arbeitsinspektorat erstattet worden. Anfang August fand dann auch prompt eine Betriebsüberprüfung statt. Die erschreckte Betriebsleitung schickte daher blitzschnell einen Lehrling in den Keller. Dort mußte er eine halbe Stunde bleiben. Er sollte vom Prüfungsbeamten nicht gesehen werden. Seit diesem Besuch hat

sich doch einiges in der „angesehenen" Firma verändert: Küchenchef Theodor P. ist nunmehr auch zwischen 21 und 23 Uhr anwesend. Seinen rauhen Umgangston hat er aber keineswegs abgelegt, vielmehr droht er nicht nur mit der Anwendung körperlicher Gewalt, sondern übt diese auch aus. Ein Lehrling hatte die Anweisung des Küchenchefs: *„Leer mir das Bruchfleisch um!"* überhört und antwortete auf die Nachfrage, ob er der Anordnung schon nachgekommen sei, mit dem schlichten Wörtchen *„Was?"*. Daraufhin drängte der Chefkoch den Kollegen gegen die Kühltruhe und fuchtelte mit einem schwertgroßen Küchenmesser vor der Brust des Lehrlings. Dieser verstand den Vorfall als Bedrohung und sagte zu den anderen Kollegen: *„Mit dem Messer laß ich mich nicht bedrohen!"* Der Ausbilder hatte diesen Satz mitgehört und kam zornrot herbeigeeilt. *„Was hab' ich gemacht? Soll ich dich die Kellerstiege hinuntertreten?"* schrie er und klemmte den Lehrling zwischen seinen fülligen Körper und die Salatanrichte.

Da kommt der Koch herbei sogleich,
Und lacht: „Hehe, jetzt hab' ich euch!"

Fall 3: Bäckerlehrlinge

Es ist halb acht Uhr morgens. Noch werden vereinzelt Autos gestartet, Spätaufsteher hasten zur Arbeit. Aber bald wird in die Vorstadtsiedlung des 22. Wiener Gemeindebezirks eine träge Vormittagsruhe einkehren. Die Kinder sind dann in der Schule, und in den Küchen klappert Kochgeschirr. Wenn man von dieser von Reihenhäusern, Vorstadtvillen und seltenen Gemeindebaublocks durchsetzten Siedlung Aufnahmen macht und diese einem Ortsfremden vorlegt, so wird er niemals erraten, daß diese dörfliche Idylle zu Wien gehört. Etwas weiter „draußen" liegen bereits Bauerngehöfte, die mit ihrer niedrigen und langgezogenen Straßenfront an burgenländische Katen erinnern.

Deshalb fällt es auch nicht sonderlich auf, wenn an diesem sonnigen Herbstvormittag ein knirschendes Pferdegespann durch die Siedlung bummelt. Lediglich der Anhänger sticht ins Auge, er gleicht etwas einer älteren Postkutsche oder gar einem Zigeunerwagen. Ein etwa sechzehnjähriger Bursche springt in einem weiten Satz vom Kutschbock und macht sich an träge im Wind flatternden Stoffsäckchen zu schaffen. Diese an Zaunpfählen und Türschnallen ausgehängten „Brotbeutel" enthalten Zettel, auf denen die Stammkunden des Bäckermeisters Franz W. ihre Bestellungen aufgeben. Gregor T. einer der drei Lehrlinge der Bäckerei W., füllt diese selbstgenähten Einkaufstaschen mit Schokolade, Getränken, Molkereiwaren und

natürlich auch Brot. Inzwischen entnimmt Franz W., der Seniorchef der Kleinbäckerei, dem Pferdefuhrwerk einen Plastikkasten mit zehn Dopplern Wein. Diese kleinen „Extras" machen aus dem volksnahen Unternehmen, fern den automatischen Semmelstraßen der Innenstadt, weitab von Großabnehmern wie Supermarktketten und Riesenhotels, einen gutgehenden Kleinbetrieb. Besonders die Bauern und Rentner schätzen den derben Witz des Franz W., der ihnen nicht nur den Weg zu weitverstreuten Lebensmittelläden erspart, sondern auch die neuesten Bezirksnachrichten ins Haus liefert. Pensionisten umstehen das „Brotgespann" und erklären anhand dieser Kleinausgabe eines Wanderzoos ihren Enkeln, daß früher, in der guten alten Zeit, alles mit dem Pferd erledigt wurde. Inzwischen tätscheln sie den dicken Hals der Mähre und füttern sie mit Trockenbrot und Zucker.

Plötzlich wird ein Küchenfenster aufgerissen, ein Pfiff durchschneidet die Stille. Seniorchef

Franz W. winkt seinem Lehrling zu, er solle doch weiterfahren, er würde sich beim Gespräch mit dem Kunden noch einen genehmigen. Während der Meister ein gutes Tröpferl verkostet, trottet der Gaul gemächlich weiter, und Gregor, der Lehrling, erledigt die Arbeit eines Kutschers und Lebensmittelverkäufers in einem Aufwaschen.
Dieses Stimmungsbild aus einer heilen Welt bewirkt beim ersten Hinsehen das Gefühl einer romantischen Rührung: Da gibt es in der Wiener Vorstadt einen kleinen „Familienbetrieb" mit drei Lehrlingen, der sich der alten Bäckertradition besinnt und noch mit dem Pferdewagen Brot ausführt. Das liest sich wie aus einer Propagandaschrift einer Grünen Liste und hört sich modern an. Nach einigem Nachdenken bemerkt man aber, daß da einiges nicht stimmt, denn Gregor ist ja Bäckerlehrling und nicht Brotverkäufer und schon gar nicht Fuhrmann. Während er dieser berufsfremden Arbeit nachgeht, fegen die beiden anderen Lehrlinge die Backstube. Um halb neun Uhr wird ein zweites Mal geladen. Das, was zuvor „eingeschossen" wurde, ist neu ausgebacken. Vor der Abfahrt veranstaltet Altmeister Franz W. eine kurze Prüfung: Die Lehrlinge müssen die Preisliste auswendig heruntersagen. Wenn da eine Ware nicht auf den Groschen genau taxiert wurde, quittiert das der Meister mit belehrenden Sprüchen, wie: *„Du bist der größte Trottel, den ich je hatte."* Seine Nachfolgerin, die vierundzwanzigjährige Elli W., die sich gerne mit „Frau Chefin" anreden läßt, meint gar: *„Wenn ich den Betrieb einmal übernehme, kommen mir überhaupt keine Lehrlinge mehr ins Haus. Das sind ja alle große Idioten."*
Gregor sagt: *„Wahrscheinlich sind wir wirklich dumm, da wir ständig in der Nacht arbeiten und dafür nie eine Nachtzulage erhalten haben."*
Gregor weiß, daß Lehrlinge in der Nacht nicht arbeiten dürfen. Daher wurmt es ihn besonders, daß sich sein Chef an keine geregelte Arbeitszeit hält. Das Dienstende gestaltet der Firmeninhaber fließend, und das mit gutem Grund: Sonst wäre es zu offensichtlich, daß die Lehrlinge weit mehr als vierzig Wochenstunden arbeiten.
Die Ausbildung in der Firma W. ist dafür sehr vielseitig. Neben dem Kutscherhandwerk erlernt Gregor noch den ehrenwerten Beruf eines Heizers. Es müssen Holzkörbe aus dem Keller getragen und die uralten Backöfen beschickt werden. Drei dunkle Scheiter werden auf drei weiße gelegt, dann kommt dünnes Papier und hernach dickes. Die Reihenfolge ist konsequent beizubehalten. Haut etwas nicht hin, dann wird dem Lehrling eine Ohrfeige verpaßt. *„Dem Adolf ist einmal eine Weinflasche runtergefallen, weil seine Hand vom Backblecheinschmieren fettig war. Und schon hat er eine gekriegt"*, erzählt Gregor. *„Ich selbst hab einmal mit einer Weinkiste die frisch verputzte Hofmauer gestreift, weil es da so furchtbar eng ist. So schnell hab ich mich gar nicht umdrehen können, da hat mir der Chef schon eine Watschen heruntergehaut."*
Beschwerden und Klagen hört sich der Chef erst gar nicht an. Er meint: *„Wenn es dir nicht paßt, dann kannst dich ja schleichen."* Schließlich bekomme er „heutzutage" Lehrlinge ja nachgeschmissen.
Um unliebsame „Ausfälle" zu verhindern, hat Bäckermeister Franz W. schon für „Nachwuchs" gesorgt: Vinzenz F. ist Bauernsohn und besucht den Polytechnischen Lehrgang. Er möchte einmal Bäcker werden. Deshalb arbeitet er neben der Schule in der Backstube des Franz W. Samstags führt er von vier Uhr morgens bis drei Uhr nachmittags Brot aus. Dafür bekommt er 80 Schilling und manchmal Trinkgeld, *„weil er so brav ist"*. Vinzenz wird den drei Lehrlingen als Vorbild hingestellt: *„Der ist mit Tieren aufgewachsen und hat vor Rössern keine Angst."* Daß der Respekt vor Pferdehufen nicht unbegründet ist, hat ein Lehrling am eigenen Leib verspüren müssen. Beim Stallausmisten ist ihm der Gaul auf den Fuß getreten. Der Chef sagte dazu nur: *„Ihr seid halt typisch verweichlichte Städter. Da mußt du halt besser aufpassen, wozu hast du Augen im Kopf?"* Für Franz W. ist die Kunst des Pferdebändigens so selbstverständlich wie der Besitz eines Führerscheins bei einem Achtzehnjährigen.
Franz W. ist ein Anhänger der alten Schule. *„Küss' die Hand, gnädige Frau!"* grüßt er seine Stammkunden. Leider hat diese „alte Schule" kaum etwas mit Lernen zu tun. Seine Lehrlinge müssen ihr berufliches Können aus der Berufsschule beziehen. Als Gregor einmal bat, ob der Herr Chef ihm nicht zeigen könne, wie man Striezel herstellt, antwortete dieser: *„Du bist mir zu teppert. Der Adolf* (der ältere Lehrling) *soll dir das zeigen."*
Bäckermeister W. ist offensichtlich gar nicht daran interessiert, daß seine Lehrlinge etwas von der Brotherstellung verstehen, vielmehr sieht er in ihnen billige Hilfskräfte.

Zehntausende Lehrlinge nehmen jedes Jahr an den Berufswettbewerben der AK teil, um so ihr Können unter Beweis zu stellen.

Karl S. und Wolfgang K Radio- und Fernseh-mechanikerlehrlinge

Karl S. ist achtzehn Jahre alt, steht im zweiten Ausbildungsjahr einer Radio- und Fernsehmechanikerlehre und ist Tagessprecher und stellvertretender Schulsprecher seiner Berufsschule. Wenn Karl spricht, wirft er die Arme weit von sich und fuchtelt mit den Händen in der Luft. Karls Freunde nennen ihn explosiv, zupackend und konfliktfreudig.

Frage: ,,Karl, du bist etwas älter als deine Klassenkollegen. Du hast mir vorhin erzählt, daß du vor deiner Lehre auf einer HTL warst. Zuerst bist du ein guter Schüler gewesen, aber dann hat dich die Schule nicht mehr gefreut; du hast erzählt, daß dir deine Freundin und die Musik wichtiger waren als das langweilige Lernen. Ja, und dann hat es auf einmal ,Nicht genügend' gehagelt, und du hast eine Party veranstaltet, auf der dann die Schulbücher verbrannt worden sind."

Karl: ,,Also, ganz so einfach war das nicht! Da habe ich schon ganz gewaltige Schwierigkeiten zu Hause gehabt, denn meine Eltern haben sich ein bißchen geniert. Die haben doch der ganzen Familie erzählt, was aus ihrem Buben nicht alles wird, und dann ist es ihnen halt furchtbar schwergefallen, der Großtante beizubringen, daß ich nicht mehr in die Schule gehen will. Die haben alle nicht begreifen wollen, daß so ein ,intelligenter Kerl' wie ich einfach nicht das werden wollte, was sie sich da vorgestellt haben. Die wollten halt der Nachbarin sagen können: ,Mein Sohn, der ist Ingenieur, macht dieses und jenes . . .' Nur mich haben sie halt überhaupt nicht gefragt, ob mir das recht ist, ob ich das, wovon sie träumen, weil sie nichts in ihrem Leben erreicht haben, überhaupt werden will. Die wollten mir immer einreden: ,Du bist anders, das sieht man ja, du hörst Musik, liest tagaus, tagein Zeitungen, also bist du zum Studieren wie geschaffen, also taugst du für die Gelehrtenstube.' Ich hingegen will mich selbst entfalten, ohne Diktat von oben. Dazu brauche ich aber mein eigenes Geld, eine gewisse Freizeit und vor allem einen direkten Erfolg, dazu muß ich aber was produzieren. Ich möchte sehen, wie durch meine Arbeit was ent steht, möchte mit anderen über meine Arbeit reden, deshalb gefällt mir mein Job. Ich bereue in dieser Hinsicht meinen Entschluß überhaupt nicht.

Ich habe mich dann bei der Firma S. gemeldet, habe denen ganz offen meine Lage geschildert und die Aufnahmsprüfung ohne Schwierigkeiten bestanden. Die hätten mich zwar auch lieber als Werkzeugmacher genommen, aber d war ich hart: ich habe ihnen klargemacht, daß e mich eher zur Elektronik hinzieht. Ich glaube, die hat meine Standfestigkeit schon ziemlich beeindruckt. Und jetzt ist auch mein Vater überzeugt, daß ich das Richtige getan habe. Er sagt zwar nichts, aber ich bemerke an seinem Lächeln, daß er schon ziemlich stolz ist auf mich, vor allem, wenn er meine sehr guten Noten sieht.

Aber mein Vater ist halt ein etwas eigensinniger Herr; er würde niemals zugeben, daß er mir zu einem Blödsinn geraten hat. Also erzählt er jedem, wie demokratisch er ist: ,Mein Sohn macht, was er will. Da rede ich ihm nichts drein. Ich habe ihm von Anfang an gesagt: Es ist dein Leben, und was du damit anfängst, ist deine Sache.' Mein alter Herr kommt gar nicht drauf, daß ohnehin alle wissen, wie der Hase läuft, aber er hat halt furchtbar Angst, daß er vor den Bekannten sein Gesicht verliert. Für mich ist de Zustand ziemlich praktisch, weil mir meine Eltern tatsächlich nichts mehr dreinreden. Mein Mutter sagt immer: ,Du wirst es schon richtig machen.'"

Frage: ,,Und wie ist das mit deinen Freunden von der Schule? Wie haben die reagiert?"

Karl: ,,Ja, da hat es schon einige gegeben, die haben sich auf das Hirn gegriffen und gemeint: ,Ich würde mir das überlegen, an deiner Stelle würde ich das Jahr wiederholen, das ist ja keine Schande, damit muß man rechnen, daß man ein Jahr länger braucht' und so. Da haben viele einfach gar nicht begriffen, worum es mir eigentlich geht. Die konnten nicht verstehen, daß ich einfach kein Stehaufmanderl mehr sein

wollte, das den ganzen Tag vor irgendwelchen Professoren in Habtachtstellung geht. Die meisten von denen sind ja irgendwie Krüppel, die ständig Angst haben, weil sie dieses und jenes noch nicht kapiert haben, weil sie schon wieder ein Programm verhaut haben. Dann schwitzen sie, zittern und können in der Nacht nicht schlafen. Ich habe bemerkt, daß mich einige um meinen Mut beneiden, aber die haben ganz einfach furchtbare Angst, ihren Eltern zu erzählen, wie es um sie tatsächlich steht."

Frage: „Hast du mit deinen ehemaligen Mitschülern heute noch Kontakt?"

Karl: „Ja, mit einigen schon, mit denen höre ich Musik und diskutiere. Meistens kenne ich mich in der Politik besser aus als die, weil sie einfach nur vollgestrebert sind und kaum Zeit finden, irgendein längeres Buch zu tages- und weltpolitischen Ereignissen zu lesen. Und vom praktischen Leben haben die zum Großteil überhaupt keine Ahnung, da ist es wurscht, ob deren Vater Arzt oder Schlosser ist. Dazu möcht' ich überhaupt was Prinzipielles sagen: Mir geht es furchtbar auf die Nerven, daß man bei uns in Österreich glaubt, daß einer nur dann gescheit sein kann, wenn er auf die Uni geht. Also, das ist eine Arroganz, die mich wütend macht. Taschenbücher und Kinokarten kann sich heute wirklich jeder, der sich nur interessiert, kaufen. Im Gegenteil, auch in der Hinsicht kann ich mir mehr leisten, da ich schließlich mein eigenes Geld habe."

Karl verdient fünf- bis sechstausend Schilling im Monat. Vor uns liegt ein Stapel Farbfotos. Sie zeigen ihn in London vor der Themse-Brücke und in Paris vor dem Louvre. Karl finanziert sich seine Reisen selbst. Er nützt das billige Interrail-Ticket aus. Auf vielen Fotos ist er nicht allein. Neben ihm steht ein modisch gekleidetes Mädchen mit rotblondem Bubikopf. Die beiden halten Händchen und umarmen sich.

„Gefällt sie dir?" fragt Karl. *„Das ist meine Freundin. Ihr verdanke ich wirklich alles. Wie ich ihr gesagt habe, daß ich nicht mehr in die Schule gehen will, habe ich mir gedacht, na ja, ihr erster Freund war ein Mittelschüler, also wird sie mir irgendwie beibringen wollen, daß es mit uns nicht mehr geht, wegen der Freundinnen und der Eltern und so. Ich habe ihr dann meine Befürchtungen erzählt, und sie ist so richtig kreidebleich geworden. Es sind ihr fast die Tränen gekommen. Dann ist sie aufgestanden und hat gesagt: ‚Ja, wenn das so ist . . .' und ist gegangen. Für mich war alles klar, sie hat so reagiert, wie ich mir das vorgestellt habe. Am nächsten Tag ruft mich die Christl, das ist ihre beste Freundin, an und sagt: ‚Du bist der größte Idiot, der mir je in meinem Leben untergekommen ist. Die Monika hat mir alles erzählt. Sie hat mir gesagt, daß du überhaupt kein Vertrauen zu ihr hast und einfach glaubst, daß sie dich in der erstbesten Situation im Stich läß[t]. Sie hat mir erzählt: Jetzt seid ihr schon über ei[n] Jahr zusammen, und dann mutest du ihr so etwas zu. Für sie ist das eine große Beleidigun[g]*

ie hat gesagt, daß deine Einstellung zu ihr eweist, daß du dich innerlich mit ihr überhaupt icht auseinandergesetzt hast und du sie in Virklichkeit überhaupt nicht kennst.'
:h habe dann mit Monika alles besprochen, nd es ist alles wieder in Ordnung gekommen. b Herbst wird Monika sogar mehr verdienen ls ich, denn dann ist sie mit ihrer Industriekaufnannlehre fertig."
rage: „Habt ihr schon gemeinsame Pläne für ie Zukunft?"
)arüber will Karl nicht reden. Er meint: *„Vielleicht machen wir zusammen die Abendmatura."*
In diesem Augenblick hat sich wieder einmal ein Sprichwort bewahrheitet. Kaum haben wir über Monika zu reden begonnen, da steht sie schon selber da und schlenkert ihre Wildledertasche. Wir beide sind leicht verlegen und trauen uns gar nicht in Monikas Gesicht zu schauen. Monika ist wirklich sehr hübsch. *„Ja, wir beide müssen"*, sagt sie und zieht Karl vom Sessel in Richtung Ausgang. *„Der Wolfgang wird sowieso gleich da sein, der ist nämlich pünktlich wie die Uhr"*, tröstet sie mich.

Da hatten die zwei aber unrecht. Wolfgang kam über eine halbe Stunde zu spät. Verschwitzt und außer Atem steuert er sicher meinen Tisch an, obwohl wir uns vorher noch nie gesehen haben.

„*Bin ich mit dir verabredet?*" fragt er und beantwortet seine Frage selbst, indem er sich setzt. Wolfgang K. ist ziemlich selbstsicher und ein guter Menschenkenner. „*Du mußt entschuldigen, daß ich so spät dran bin, aber heute haben sie mich wieder einmal nicht auslassen.*"

Wolfgang ist Redakteur einer Schülerzeitung, die „Spinne" heißt. „Giftspinne" oder „Pfui, Spinne" wird dieses Lehrlingsblatt von einigen Lehrern genannt. Die „Spinne" hat sich nämlich zur Aufgabe gestellt, Mißstände aus dem Schulalltag anzuprangern. Obwohl auch die Mehrheit des Berufsschulkörpers von diesem kritischen Spinnengift begeistert ist, „*weil man auf diese Weise sofort erfährt, wo der Schuh drückt*", hat diese Zeitung, wie eben jedes Periodikum, auch eingefleischte Feinde: Zum Beispiel einen Junglehrer, der Schüler auf den Gang oder in die Ecke weist und sich bei den Eltern eines Klassensprechers beschwert, daß ihr Sohn die Klasse nicht im Zaum halten könne. Das hat dem Pädagogen ein ätzendes Zeitungsecho eingebracht.

Mit der knorrigen Stimme eines echten „Metallers" meint Wolfgang: „*So eine Lehrlingszeitung hat es halt schwer. In einer normalen Schule sehen sich die Kollegen jeden Tag, wir komme[n] hingegen nur einmal in der Woche, eben am Berufsschultag, zusammen. Sonst sind wir in alle Winde zerstreut. Jetzt versuchen wir den Kontakt unter den Schulkollegen besser auszubauen, indem wir einen eigenen Freizeitklub gründen. Das wird hoffentlich auch der Zeitung zugute kommen. Bisher haben wir die Zeitung ganz einfach auf der Schreibmaschine herunte[r] getippt und fotokopiert. Das war natürlich von der Produktion her sehr kostenintensiv, denn man darf ja nicht vergessen, daß die Redakteu[re] die Papier- und Herstellungskosten vorerst au[s] der eigenen Tasche vorschießen müssen. Wenn nun eine Auflage nicht restlos verkauft wird, haben wir ein schmerzliches Defizit. Für die Zukunft haben wir vor, die Auflagenziffer zu steigern und das Ganze zu hektographieren. Die ‚Sektion Schülerzeitung' in der Journalistengewerkschaft hat uns ihre Unterstützung zugesagt.*"

Wolfgang K. ist von seinem Auftreten her durc[h] und durch Schülervertreter. Er fackelt nicht lange herum, er kommt sofort zum Kern eines Problems. Fragen braucht man ihm häufig gar nicht erst zu stellen, er ahnt sie voraus und beantwortet sie von selbst. Seine Diskussionsgegner werden wahrscheinlich seine „Aber" fürchten.

Wolfgang meint zum Beispiel: „*Es stimmt, daß sich gerade im Schulbau in Wien in der letzten Zeit ziemlich viel getan hat, aber es wird auch ziemlich viel herumgepfuscht. Nehmen wir unsere Schule her. Da haben sie nachträglich einen Turnsaal eingebaut. An und für sich eine wirklich klasse Sache, aber leider Gottes befindet sich unter dem Turnsaal eine ganz normale Klasse. Wenn die darüber nur Ball spielen, dann wackeln darunter die Lampen. Da sich bei dieser Erdbebenstimmung nun wirklich nicht lernen läßt, ist der Turnsaal die halbe Zeit unbenützbar.*

Was mich persönlich zwar nichts angeht, aber die Kfz-Mechaniker ungeheuerlich betrifft, sind die Zustände in der Lehrwerkstätte im Hof. Da schaut es ja aus wie im Mittelalter. Diese riesigen Hallen mit provisorischen Zwischenwänden aus alten Kleiderschränken, der Lärm, der da herrscht, da kann man wirklich nicht gescheit arbeiten. Ja, und als Tagessprecher habe ich natürlich auch ein etwas egoistisches Anliegen: Nehmen wir unsere Klasse her, das ist eine reine Industrieklasse. Dieselbe Theorie, die wir in der Schule hören, bekommen wir noch einmal im Betrieb vorgetragen, abgesehen davon, daß über die Hälfte irgendwann irgendwo in eine Mittelschule gegangen ist. Bei diesen Voraussetzungen ist es ganz klar, daß diejenigen Kollegen, die aus kleinen Gewerbebetrieben ohne firmeneigene Theorieausbildung kommen, es schwer haben.

Das ist für die drei bis vier, die es da in jeder Industrieklasse gibt, ziemlich unangenehm, weil sich die Benotung am Klassendurchschnitt orientiert und sie daher meistens schlechtere Zensuren kriegen. Auf der anderen Seite ist natürlich auch die Mehrheit der Klasse unzufrieden, weil die paar den ganzen Unterricht aufhalten, weil die Lehrer für die alles fünfzigmal wiederholen müssen, was die anderen bereits im Schlaf können. Da wäre es doch gescheiter, man teilt diese vier Leute auf andere Klassen auf, dann wären die auch zufriedener, und für uns würde der Unterricht weniger langweilig sein.

Aber ich weiß, daß sich da nichts machen läßt, weil man da sehr auf die Statistik bedacht ist. Die Klassenschülerzahl darf eben die magische Obergrenze von dreißig nicht überschreiten, was im allgemeinen ja sehr begrüßenswert ist, denn größere Klassenzimmer mit weniger Schülern waren ja jahrelang unsere Forderung. Da hat sich in den letzten Jahren wirklich viel getan. Vor allem im Werkstätten- und Laborunterricht: Da gibt es in Wien kaum noch Gruppen mit einer Teilnehmerzahl über zehn."

Frage: „Von dir weiß ich, daß du ziemlich engagiert bist, daß du dich politisch informierst. Aber wie ist das mit deinen Kollegen, da hört man ja

immer Horrorziffern? Angeblich lesen nur weniger als fünf Prozent aller Lehrlinge den politischen Teil einer Zeitung. Im Fernsehen wird dauernd über die Staatsmüdigkeit der Jugend geredet, daß den Leuten die Politik vollkommen egal ist . . .“

Wolfgang: „Daß die meisten keine politischen Artikel lesen, stimmt, aber daß die Kollegen sich generell für nichts interessieren, also das muß ich entschieden bestreiten. Das hängt halt immer davon ab, welche direkten Erfahrungen die Leute gemacht haben. Gibt's in einem Betrieb einen Jugendvertrauensrat, der sich wirklich auskennt und nicht nur trocken über irgendwelche Bestimmungen des Kollektivvertrags redet, sondern auch die Leute privat kennt und also weiß, der und die haben diese Probleme, und dann in der richtigen Situation das Richtige rät, dann kann man die Leute auch direkt ansprechen und über politische Fragen diskutieren.

Nehmen wir ein Beispiel: Ich erfahre, der Kollege Soundso zieht um, kriegt eine neue Wohnung, also hat er Anspruch auf einen freien Tag, wobei alle seine Bezüge weiterlaufen und vom Urlaub nichts abgezogen werden darf, und

ch informiere ihn über sein Recht, dann wird er natürlich einsehen, daß es schon einen Sinn hat, wenn man sich informiert. Die Kollegen davon zu überzeugen, daß man gewisse Rechte hat, die man auch tatsächlich beanspruchen und durchsetzen kann, ist am allerwichtigsten.

Das Allerschlimmste ist die Einstellung, die manche von ihrem Urgroßvater geerbt haben, daß nämlich eh alles nichts nützt, weil die da oben ohnehin immer das tun, was ihnen paßt. Also gegen dieses Ohnmachtsgefühl muß man ankämpfen. Auf der anderen Seite gibt es wieder Kollegen, die am liebsten einen Prügel in die Hand nehmen und eine Jugendunruhe inszenieren möchten, so eine Wut haben die auf alles. Denen muß man wieder klarmachen, daß man mit dieser Methode höchstens eine über den Schädel, aber keine Wohnung kriegt. In so einem Fall ist es natürlich am besten, wenn man das Problem, das den Kollegen so wütend macht, direkt löst.

Aber das geht halt nicht immer so einfach. Das ist dann ziemlich schlimm, denn die Enttäuschten sind am meisten gefährdet. Entweder schmeißen sie alles hin, resignieren und rea-

gieren überangepaßt, so daß man mit ihnen nur noch über das Häuselbauen und das Fußballspiel vom letzten Wochenende reden kann, oder sie flippen aus, brechen ihre Lehre ab, zerstreiten sich mit den Eltern und Ausbildern, sagen: ‚Ihr könnt mich gern haben', und ab geht's in die Selbstaufgabe und Selbstzerstörung durch Alkohol und Drogen mit der Endstation Ortsfriedhof.
Besonders diejenigen, die einfach zuviel wollen, jetzt, und nur jetzt, was durchsetzen wollen, ‚weil morgen lebe ich vielleicht nicht mehr', die sagen: Die jungen Leute reparieren die Autos, tragen die Post aus, fahren mit dem Rettungswagen, erzeugen Mixer und Fernsehkübel, kurzum: die Jungen schaffen mit ihrer Kraft und mit ihrem Können alles, was die Wohlstandsgesellschaft ausmacht, und es ist daher nicht einzusehen, warum gerade diese Jungen am allerwenigsten davon profitieren. Die meisten, die so denken, die wollen auf einmal nicht mehr weitermachen, die nehmen ihren Rucksack, und ab geht es nach Indien, die schließen sich irgendeiner Sekte an, um das Unrecht, das ihnen widerfahren ist, zu vergessen.
Es ist ja tatsächlich ein Wahnsinn, daß man bei

uns einem Fünfzehnjährigen sagt, er soll sich doch einmal überlegen, was er mit fünfundsechzig einmal für eine Pension kriegen wird, so als wäre das Berufsleben nicht mehr als die Überbrückung zwischen Schulzeit und Altersrente. Und da halt in Österreich alles so lahm und ruhig, so irgendwie ohne Hoffnung scheint, gibt es seit neuestem wieder Gruppen, die Freundschaft, Kameradschaft, Zusammenhalt in der Gruppe, Erfolg durch Taten versprechen. Ich spreche von den Neonazis. Die sind wirklich eine Gefahr. In letzter Zeit werden immer mehr Aufkleber und Schmierereien mit faschistischem Inhalt gesehen, vor allem aber auch in und um die Berufsschulen. Da wollen sich gewisse Leute ganz bewußt die berechtigte Unzufriedenheit der Lehrlinge zunutze machen. Ich selbst habe in einer Telefonzelle in der Schule einen ganzen Packen Naziflugzettel entdeckt, den ich dann anschließend im Klosett versenkt habe."

Frage: ,,Ist nicht eine der häufigsten Fluchtdrogen aus dem Dilemma des Alltags der Drang zum Konsumieren?"

Wolfgang: ,,Da hast du ganz recht. Politisch haben die Lehrlinge in dieser Demokratie viel

zuwenig mitzureden, aber wenn es um eine neue Schallplatte, um einen neuen Film, um Kleidermode, um eine neue Zweiradgeneration geht, dann werden die Lehrlinge als erste Käuferschicht angesprochen, da sind wir auf einmal interessant. Es ist ja nicht so, daß die Leute in den Konsum fliehen, sondern daß dieser Fluchtweg bewußt angeboten wird, das heißt, daß viele in den Konsum gedrängt werden. Und das Lustige ist, daß dann gerade diejenigen, die an der Reklame, am Verkauf der oft völlig sinnlosen Konsumartikel am meisten profitieren, der Jugend noch vorwerfen, sie sei materialistisch.

Aber sag mir bitte, wo kann man heutzutage hingehen, ohne einen Groschen im Sack zu haben? Viele Alternativbeisel sind doch nur gastronomische Marktlückenausnützer, und die Jugendklubs, in denen man eher kein Geld ausgeben muß, die stehen halt leider oft im Ruf, nichts anderes zu sein als Institutionen, die den Lehrling in der Freizeit auch noch kontrollieren. Und wer will schon, wenn er den ganzen Tag die Eltern höflich angrinst, vor Lehrern eine Verbeugung macht, vor Vorgesetzten buckelt, am Abend auch noch kontrolliert sein? Am Abend möchte man aufrecht gehen, sich strecken, frei sein.

Da mache ich mir überhaupt keine Illusionen: Das Moped ist für uns ein ganz wichtiges Mittel zur Freiheit. Da sagst du dir: ‚Hier paßt es mir nicht, ich halt es nicht mehr aus, ihr geht mir auf die Nerven', gehst hinaus, trittst den Blechesel, haust den Gang hinein, und weg bist du. Das ist ein herrliches Gefühl der Unabhängigkeit. Das Moped fährt dorthin, wohin du willst, da kannst du dich frei entscheiden."
Frage: „Aber sonst ist der Konsum für dich gleichbedeutend mit Unfreiheit?"
Wolfgang: „Mehr noch, das ist der Ausdruck einer Gehirnwäsche. Da schauen sich die Mädchen die Fernsehwerbung an, sehen die hübsche, erfolgreiche Filmschauspielerin XY und wollen auch so hübsch und erfolgreich sein wie die, also kaufen sie dieselbe Seife und denselben Lippenstift. Ich kenne Mädchen, die geben von ihren fünftausend Schilling, die sie im Monat verdienen, gleich wieder dreitausend für Kleider und Kosmetika aus. Die haben einfach Angst, daß ihnen die Freundin Soundso, die sich mehr leisten kann und schicker ausschaut, den Freund ausspannt. Mit diesen teuren Fetzen hört das ja nicht auf.
Später, wenn sie verheiratet sind, kommt dann der riesige Wohnzimmerschrank und das neueste Automodell dazu. Da nehmen die

Leute dann Kredite auf, zahlen Raten, machen sich Sorgen, vernichten praktisch ihre Freizeit und ihr Privatleben, weil sie nur noch Überstunden machen. Da gibt es dann in ihrem Leben keinen Platz mehr für Hobbys, für Musik, für Freundschaften, Liebe, Wärme, da zählt nur noch der Schilling. Die Arbeit ist dann, mit einem Schuldenberg im Nacken, nur noch eine lästige Pflichterfüllung, mit der man nur noch mehr Geld verdient, mit der man sich nur noch mehr Unfreiheit und Belastungen einkauft.
Schöpferischen Spaß macht dann die Arbeit überhaupt keinen mehr. Ja, man zerbricht sich überhaupt nicht mehr den Kopf darüber, wozu, warum man dieses und jenes macht. Da will keiner mehr auffallen, nur um sich nicht seine Position zu gefährden, um ja nichts zu riskieren. Deshalb erzieht man ja die Kinder schon unter dem Motto: Nur nicht auffallen. Und weil die Leute nicht mehr über ihre Arbeit nachdenken, kommen sie auch beruflich nicht weiter."
Frage: „Entschuldige, aber ist das nicht ein Widerspruch? Auf der einen Seite sagst du: ‚Konsumverweigerung, sich nicht dem Leistungsdruck aussetzen', auf der anderen Seite möchtest du beruflich weiterkommen?"
Wolfgang: „Nein, im Gegenteil. Das Argument

der sogenannten älteren Generation, daß die Jugend heute leistungsfeindlich sei, ist einfach falsch. Wir alle wollen etwas leisten, weil wir eine Bestätigung brauchen, aber wir wollen uns für das, was wir leisten, auch etwas leisten können, und zwar nicht einen blödsinnigen, modischen Firlefanz, sondern echte Lebensqualität. Was hab' ich, bitteschön, von einem Auto, wenn ich einfach keine Freizeit habe, das Auto genußvoll auszunützen? In dem Fall verstellt der Blechkübel doch nur einen wertvollen Parkplatz und belastet sinnlos meine Geldbörse. Was habe ich von einer Luxuswohnung, wenn ich in der Wohnung ohnedies nie wohne, weil ich nur erschöpft zum Schlafen nach Hause komme? Auf der anderen Seite muß ich aber beruflich etwas werden, um mitreden zu können. Wenn ich eine bestimmte Position nicht ausfülle, kommt ein anderer und macht das an meiner Stelle. Ich kann dann aber nur noch staunen und sagen: Ich hätte das anders, besser und menschlicher gemacht, nur leider Gottes habe ich es nicht, weil ich zu ängstlich, zu faul, zu wählerisch, zu skrupelbehaftet, zu wenig vorwärtsdrängend war. Wenn ich zusehe, wie andere etwas falsch und moralisch verwerflich machen, und ich schaue nur zu und mache nichts, dann bin ich für das

Schlechte, das daraus entsteht, genauso mitverantwortlich wie der, der das verursacht hat. Man muß aktiv sein, man muß sich wehren."
Frage: „Und wie machst du das in deinem Bereich?"
Wolfgang: „Ich informiere die Kollegen, ich fordere sie auf, für ihre Rechte einzutreten, Unrecht nicht zu dulden. Ein Lehrling sieht sich doch, und das gilt vor allem für das Kleingewerbe, tagtäglich der nackten Gewalt ausgesetzt. Da werden Ohrfeigen angedroht, da wird jemandem ein Werkzeug nachgeschmissen, da wird beschimpft und bedroht, da wird der Kollektivvertrag nicht eingehalten, die Leute werden zu Überstunden gezwungen, müssen fortwährend berufsfremde Arbeiten ausführen, lernen zuwenig, werden also bei einem Arbeitsplatzwechsel große Schwierigkeiten haben – und kein Mensch hilft ihnen. ‚Es ist sinnlos, es tut ohnehin niemand was für uns!' höre ich dann dauernd. ‚Ja', frage ich dann, ‚was tust du denn für dich selbst? Hast denn du schon etwas dagegen unternommen? Hast du dich über deine Rechte und Pflichten schon informiert? Da würde ich mich doch einmal bei der Gewerkschaft und bei der Lehrlings- und Jugendschutzstelle der Arbeiterkammer erkundigen, die sind ja dazu da, die werden ja schließlich und endlich dafür bezahlt. Es fasziniert mich immer wieder, wie oft und schnell die Früchte eines einfachen Telefonanrufs zu wirken beginnen. Für Lehrlinge ist es eine ganz wichtige, fundamentale Erfahrung, am eigenen Leib zu erleben, daß die Gesetze der Republik Österreich nicht nur für sie selbst, sondern auch für die Gegen-, die Chef- und Ausbilderseite Gültigkeit haben."

Literaturverzeichnis

In diesem Literaturverzeichnis sind viele der Bücher angeführt, die in „Lehrling" erwähnt wurden. Leider ist nicht bei allen Titeln sicher, ob sie noch im Buchhandel sind. Einige wird man nur in Bibliotheken erhalten können.

John Most
Memoiren. Erlebtes, Erforschtes und Gedachtes.
New York, 1903

Johann Most. Ein Sozialist in Deutschland.
Herausgegeben von Dieter Kühn.
Reihe Hanser, 171

Thomas Bernhard
Der Keller. Eine Entziehung.
Residenz-Verlag, 1976

Johann Böhm
Erinnerungen aus meinem Leben
Europaverlag, 1964

Louis Oury
Die freudlose Straße
Verlag Volk und Welt Berlin, 1976

Gernot Wolfgruber
Auf freiem Fuß
Residenz-Verlag, 1975

Franz Innerhofer
Schöne Tage
Residenz-Verlag, 1975

Franz Innerhofer
Schattseite
Residenz-Verlag, 1975

Franz Innerhofer
Die großen Wörter
Residenz-Verlag, 1977

Bildquellenverzeichnis

Archiv für Geschichte der Arbeiterbewegung
Begsteiger
Beisteiner
Bildarchiv des ÖGB
Cerny
Dokumentationsarchiv des Österr. Widerstandes
Foto-Schikola
Hutterer
Kammler
Klinger
Österr. Gesellschafts- und Wirtschaftsmuseum
Ohlbaum Isolde
Petri
Prokosch
Residenz-Verlag Dapra
Sielecki Hubert
Votava – Internat. Presse-Bildagentur
Zvacek

Dank an alle Mitarbeiter und Fotografen,
im besonderen Margarethe Straka,
dem Österreichischen Gesellschafts- und Wirtschaftsmuseum,
dem Archiv für Geschichte der Arbeiterbewegung,
dem Residenz-Verlag,
Franz Beisteiner und Meinhard Heim für ihre Mitarbeit.

Herausgegeben von der Kammer für Arbeiter und Angestellte für Wien in Zusammenarbeit mit der Österreichischen Gewerkschaftsjugend

Medieninhaber: Verlag des Österreichischen Gewerkschaftsbundes Gesellschaft m. b. H., Wien
Hersteller: Elbemühl Graphische Industrie Ges. m. b. H.
Verlags- und Herstellungsort Wien

Printed in Austria
ISBN 3-7035-0248-7